出纳业务操作
（微课版）

王萍　李楠　刘凯 ◎ 主编

李新彦　黄媛　朱凤慧 ◎ 副主编

清华大学出版社
北京

内 容 简 介

本书以《现金管理暂行条例》《支付结算办法》《中华人民共和国票据法》《企业会计准则》等法律、法规为基础，依据出纳业务操作课程的教学要求，按照出纳工作过程系统化的设计思路，将出纳理论知识与实践操作有机融合，以项目作为教学载体，以任务驱动教学过程，以出纳岗位必备的理论知识和业务技能作为教学内容，旨在提高学生对出纳工作的适应能力和胜任能力。

本书既包括出纳工作交接业务、库存现金结算业务、票据结算业务、出纳账簿、月末业务等传统教学内容，也涵盖了网上银行结算业务、支付宝和 POS 机结算业务等与现代化支付结算方式相匹配的教学内容。本书体例新颖，内容与时俱进，深入浅出，通俗易懂，每个项目均配有教学视频、教学课件和习题，充分体现了高等职业教育的特点和要求。

本书可作为高等职业院校财务会计类专业的教材，也可以作为在职出纳人员的工作参考书。

图书在版编目（CIP）数据

出纳业务操作：微课版/王萍，李楠，刘凯主编. —北京：清华大学出版社，2023.7（2025.1 重印）
高职高专经管类专业实践创新教材
ISBN 978-7-302-63935-0

Ⅰ.①出… Ⅱ.①王… ②李… ③刘… Ⅲ.①出纳—高等职业教育—教材 Ⅳ.①F231.7

中国国家版本馆 CIP 数据核字（2023）第 115794 号

责任编辑：强　溦
封面设计：傅瑞学
责任校对：刘　静
责任印制：曹婉颖

出版发行：清华大学出版社
　　　　　网　　址：https://www.tup.com.cn，https://www.wqxuetang.com
　　　　　地　　址：北京清华大学学研大厦 A 座　　　　邮　　编：100084
　　　　　社 总 机：010-83470000　　　　　　　　　　邮　　购：010-62786544
　　　　　投稿与读者服务：010-62776969，c-service@tup.tsinghua.edu.cn
　　　　　质量反馈：010-62772015，zhiliang@tup.tsinghua.edu.cn
　　　　　课件下载：https://www.tup.com.cn，010-83470410
印 装 者：三河市少明印务有限公司
经　　销：全国新华书店
开　　本：185mm×260mm　　　　印　　张：12.25　　　　字　　数：296 千字
版　　次：2023 年 7 月第 1 版　　　　　　　　　　　　印　　次：2025 年 1 月第 2 次印刷
定　　价：48.00 元

产品编号：097870-01

出纳人员是企业资金的"守门员",担负着会计核算的基础工作。出纳工作是企业财务工作的起点,也是企业财会工作的重要组成部分,主要负责单位现金收付及点验、线上结算方式的选择、票据和印鉴的使用与保管、出纳账簿的登记,以及资金报告的编制等。作为财务会计类专业的基础课程,出纳业务操作以党的二十大报告指出的贯彻新发展理念、着力推进高质量发展、推动构建新发展格局为引领,旨在以帮助学生掌握出纳工作的专业理论知识为前提,培养学生处理出纳业务的实际操作能力,使学生掌握现金、银行结算等业务流程,具备出纳人员应有的职业素质。

本书导言部分为认知出纳岗位,介绍出纳人员和出纳岗位的相关基础知识;项目 1 为出纳工作交接,介绍出纳工作交接的内容和流程;项目 2 至项目 5 为核心内容,主要介绍库存现金结算业务、网上银行结算业务、支付宝和 POS 机结算业务、票据结算业务;项目 6 为出纳账簿,介绍出纳账簿的设置与登记;项目 7 为月末业务,介绍资产的清查、账簿结账和资金报表的编制。

本书在编写过程中,参照高等职业教育财务会计类专业的教学要求,结合会计相关法律、法规的新规定,全面贯彻党的教育方针,落实立德树人根本任务,内容上符合实际教学需求,与时俱进,详细充实。本书的具体特点如下。

1. 素质教育贯穿始终

党的二十大报告指出,育人的根本在于立德。本书全面贯彻党的教育方针,落实立德树人根本任务,旨在培养德智体美劳全面发展的社会主义建设者和接班人。本书注重素质教育,将课程思政与教学内容有机融合,结合出纳岗位工作要求,使学生达到遵纪守法、爱岗敬业、精益求精等素质目标。

2. 以项目作为教学载体

本书以出纳岗位的工作过程为主线进行项目编写,从出纳岗位交接开始,通过现金、网上银行、票据等业务的办理,至出纳月末业务结束,将项目内容与岗位工作过程相结合,以岗位工作过程串联出纳理论基础知识和业务操作技能,使学习者通过学习基本工作流程,了解出纳岗位相关知识点和技能点。

3. 模块化设计教学内容

随着经济社会的发展,财会法律、法规也在不断发生变革。为了便于教学内容的更新,本书注重在教学内容系统化的前提下,模块化设计教学内容,每个教学任务的设计既保证前后的逻辑关联性,也注意内容的相对独立性,当技术、规范等发生变化时,可以灵活更换教学任务和教学内容。

4.注重教材理实一体化设计

出纳业务操作是实践类课程,但并非只注重实践,而是根据教学需要将理论教学有机融入实践教学活动中,以"够用"为原则,使学生能够在实践中学习、理解并掌握理论知识,做到理论与实践融会贯通。

5.注重配套资源建设

本书还针对重难点内容,配套了微课教学视频,学生可以通过扫描书中的二维码,利用碎片化时间随时随地观看视频,提高学习效率。此外,本书还配备了教学课件、自测习题,以及出纳必备法规库、拓展案例库、表单素材库等电子资源,既便于教师授课时按需使用,也便于学生及在职出纳人员自学使用。

本书由青岛酒店管理职业技术学院的王萍、李楠、刘凯担任主编,李新彦、黄媛、朱风慧担任副主编,具体编写分工如下:王萍负责全书的总纂与定稿,并编写项目5;李楠负责编写项目1、项目2;刘凯负责编写项目3;李新彦负责编写项目4;黄媛负责编写项目6;朱风慧负责编写项目7。所有参编人员均负责相应部分的课件、课后习题的整理和微课视频的制作。

本书得以付梓,要特别感谢青岛酒店管理职业技术学院刘进涛副教授,以及清华大学出版社的编校人员,他们的帮助给了编者完善教学内容、追求创新的动力。本书在编写过程中参考了相关书籍、文献、资料,得到了许多企业财务会计从业人员的大力支持,在此致以诚挚的谢意。

本书练习资料中所有内容,包括单位名称、地址、开户行、账号、电话、人名等均为虚构,如有雷同,纯属巧合。由于编者水平有限,书中难免存在不足之处,衷心希望广大读者批评、指正。

编 者

2023 年 4 月

目 录
CONTENTS

导　言

1. 出纳的含义

"出纳"是一个会计名词,其中"出"是指支出,"纳"则是指收入,"出纳"非常准确地表明了出纳业务的核心要义,也就是货币资金的收入与支出。出纳是会计工作不可或缺的组成部分,它是按照国家有关规定和制度,办理本单位的现金收付、银行结算及有关账务,保管库存现金、有价证券、财务印章及有关票据等工作的总称。从广义上讲,只要是票据、货币资金和有价证券的收付、保管、核算,就都属于出纳工作。它既包括各单位会计部门专设出纳机构的各项票据、货币资金、有价证券收付业务处理,票据、货币资金、有价证券的整理和保管,货币资金和有价证券的核算等各项工作,也包括各单位业务部门的货币资金收付、保管等方面的工作。狭义的出纳则仅指各单位会计部门专设出纳岗位或人员的各项工作。

2. 设置出纳岗位的必要性

出纳岗位是单位财会部门管理库存现金、银行存款及有价证券,办理本单位现金收付、银行结算等货币资金收付业务并进行序时核算的专门岗位。各单位可根据单位规模和货币资金管理要求,结合出纳工作的繁简程度来设置出纳机构或出纳岗位。设置出纳岗位的必要性主要体现在以下方面。

1) 设置出纳岗位有利于保证货币资金准确核算

出纳岗位是进行货币资金收付业务记录的专门岗位。通过货币资金收付业务进行序时登记和定期盘点,可以真实、全面、准确地反映单位某一时期货币资金的增减变动情况,从而为单位经营决策和会计核算提供基础数据。

2) 设置出纳岗位有利于保证货币资金安全完整

单位购买材料、固定资产,支付薪酬和各种费用的主要手段是货币资金。货币资金收付是单位发生最频繁的业务之一,也最容易发生舞弊。出纳工作通过对货币资金的序时核算,可以监督货币资金的收付、存取活动,保证货币资金的安全完整。

3）设置出纳岗位有利于保证货币资金合理流动

货币资金的周转率是企业经营目标实现的重要因素，货币资金周转越快，单位经济效益就越好。出纳岗位设置有利于企业管理层根据国家有关财经法规和单位的货币资金状况，合理调度和安排资金，使企业经营活动正常运行。

3. 出纳的岗位职责

（1）根据《现金管理办法》《支付结算办法》规定，管理现金、银行存款及有价证券（如国库券、债券、股票等）。

（2）根据会计法规与会计制度的规定，审核货币资金收付业务所附的原始凭证和会计人员编制的收付款凭证，审核无误后，在原始凭证上加盖"收讫"或"付讫"章，在收付款凭证上加盖出纳人员名章，并办理现金收付和银行存款结算业务。

（3）设置现金日记账、银行存款日记账，根据审核无误的收付款凭证，逐笔顺序登记现金日记账和银行存款日记账，并结出余额。

（4）定期进行现金盘点，编制现金日报表；月末与会计人员一起进行银行对账，并及时查找未达账项，协助会计人员编制银行存款余额调节表，做到日清月结。

（5）按照国家外汇管理和结汇、购汇制度的规定及有关批件，办理外汇出纳业务。

（6）掌握银行存款余额，不签发空头支票，不出租、出借银行账户为其他单位办理结算。

（7）保管有关印章、空白收据和空白支票。

4. 出纳的机构设置与人员配备

1）机构设置

出纳机构一般设置在会计机构内部，如各企事业单位财会科、财会处内部设置专门处理出纳业务的出纳组、出纳室。《中华人民共和国会计法》（以下简称《会计法》）第三十六条规定："各单位应当根据会计业务的需要，设置会计机构，或者在有关机构中设置会计人员并指定会计主管人员；不具备设置条件的，应当委托经批准设立从事会计代理记帐业务的中介机构代理记帐。"《会计法》对各单位会计、出纳机构与人员的设置没有做出强制性规定，只是要求各单位根据业务需要来设定。各单位可根据单位规模和货币资金管理要求，结合出纳工作的繁简程度来设置出纳机构或出纳岗位。以工业企业为例，大型企业可在财务处下设出纳科；中型企业可在财务科下设出纳室；小型企业可在财务科下配备专职出纳人员。有些主管公司为了资金的有效管理和总体利用效益，把若干分公司的出纳业务（或部分出纳业务）集中起来办理，成立专门的内部结算中心。这种内部结算中心，实际上也是出纳机构。

2）人员配备

一般来讲，实行独立核算的企业单位，在银行开户的行政或事业单位，有经常性现金收入和支出业务的企业、行政或事业单位都应配备专职或兼职出纳人员，担任本单位的出纳工作。出纳人员配备的多少，主要取决于本单位出纳业务量的大小和繁简程度，要以业务需要为原则，既要满足出纳工作量的需要，又要避免徒具形式、人浮于事的现象。一般可采用一人一岗、一人多岗、一岗多人等形式。

（1）一人一岗：规模不大的单位，出纳工作量不大，可设专职出纳人员一名。

（2）一人多岗：规模较小的单位，出纳工作量较小，可设兼职出纳人员一名。如无条件单独设置会计机构的单位,至少要在有关机构中(如单位的办公室、后勤部门等)配备兼职出纳人员一名。但兼职出纳人员不得兼管收入、费用、债权、债务账目的登记工作及稽核工作,以及会计档案保管工作。

(3)一岗多人:规模较大的单位,出纳工作量较大,可设多名出纳人员,如分设管理收付的出纳人员和管账的出纳人员,或分设现金出纳人员和银行结算出纳人员等。

5. 出纳人员的基本素质要求

1)具有基本的专业能力

2017年11月,十二届全国人民代表大会常务委员会第三十次会议表决通过了关于修改《会计法》的决定,将"从事会计工作的人员,必须取得会计从业资格证书"的规定,改为"会计人员应当具备从事会计工作所需要的专业能力"。

2)具有良好的职业道德修养

出纳工作是一项重要的会计基础工作,会计职业道德是出纳人员在工作中正确处理人与人、人与社会关系的行为规范。《会计法》规定,会计人员应当遵守职业道德,提高业务素质。会计职业道德主要包括爱岗敬业、诚实守信、廉洁自律、客观公正、坚持准则、提高技能、参与管理、强化服务八个方面内容。

(1)爱岗敬业。会计人员应正确认识会计职业,树立职业荣誉感;热爱会计工作,敬重会计职业;安心工作,任劳任怨;严肃认真,一丝不苟;忠于职守,尽职尽责。

(2)诚实守信。会计人员应做老实人,说老实话,办老实事,不搞虚假;保密守信,不为利益所诱惑;执业谨慎,信誉至上。

(3)廉洁自律。会计人员应树立正确的人生观和价值观;公私分明、不贪不占;遵纪守法,一身正气。廉洁就是不贪污钱财,不收受贿赂,保持清白。自律是指按照一定的标准,自己约束自己、自己控制自己的言行和思想的过程。自律的核心是用道德观念自觉抵制自己的不良欲望。对与钱财打交道的会计人员来说,经常会受到财、权的诱惑,如果职业道德观念不强、自律意志薄弱,很容易成为财、权的奴隶,走向犯罪的深渊。

(4)客观公正。会计人员应端正态度,依法办事;实事求是,不偏不倚;如实反映,保持应有的独立性。

(5)坚持准则。会计人员应熟悉国家法律、法规和国家统一的会计制度,始终坚持按法律、法规和国家统一的会计制度的要求进行会计核算,实施会计监督。会计人员在实际工作中,应当以会计准则作为自己的行动指南,在发生道德冲突时,应坚持准则,维护国家利益、社会公众利益和正常的经济秩序。

(6)提高技能。会计人员应具有不断提高会计专业技能的意识和愿望,具有勤学苦练的精神和科学的学习方法,刻苦钻研,不断进取,提高业务水平。

(7)参与管理。会计人员应在做好本职工作的同时,努力钻研业务,全面熟悉本单位经营活动和业务流程,主动提出合理化建议,积极参与管理,使管理活动更有针对性和实效性。

(8)强化服务。会计人员应树立服务意识,提高服务质量,努力维护和提升会计职业的良好社会形象。

2018年4月,财政部发布了《关于加强会计人员诚信建设的指导意见》,明确了加强会计人员诚信建设的总体要求、增强会计人员诚信意识、加强会计人员信用档案建设、健全会计人员守信联合激励和失信联合惩戒机制，以及强化组织实施等方面的内容。《关于加强会计人员诚信建设的指导意见》指出，要以习近平新时代中国特色社会主义思想为指导，认真落实党中央、国务院决策部署，以培育和践行社会主义核心价值观为根本，完善会计职业道德规范，加强会计诚信教育；要建立严重失信会计人员"黑名单"制度，将有提供虚假财务会计报告，做假账，隐匿或者故意销毁会计凭证、会计账簿、财务会计报告，贪污，挪用公款，职务侵占等与会计职务有关违法行为的会计人员，作为严重失信会计人员列入"黑名单"，纳入全国信用信息共享平台，依法通过"信用中国"网站等途径，向社会公开披露相关信息。

3）具有过硬的业务技能

"台上一分钟，台下十年功。"这对出纳工作来说是十分适用的。出纳工作需要很强的操作技巧。打算盘、操作计算机、填票据、点钞票等，都需要深厚的基本功。作为专职出纳人员，不但要具备处理一般会计事务的财会专业基本知识，还要具备较高的处理出纳事务的出纳专业知识水平和较强的数字运算能力。出纳的数字运算往往在结算过程中进行，要按计算结果当场开出票据或收付现金，速度要快，又不能出错。这和事后的账目计算有着很大的区别。账目计算错了可以按规定方法更改，但钱算错了就不一定说得清楚，不一定能"改"得过来。所以，出纳人员要有很强的数字运算能力，无论是用计算机、算盘、计算器，还是用其他任何运算器，都必须具备较快的速度和非常高的准确性。在快和准的关系上，作为出纳人员，要把准确放在第一位，要准中求快。提高出纳业务技术水平关键在手上，打算盘、操作计算机、填票据都离不开手。而要提高手的功夫，关键又在勤，勤能生巧，巧自勤来。有了勤，就一定能达到出纳技术操作上的理想境界。另外，还要苦练汉字、阿拉伯数字，提高写作概括能力，使人见其字如见其人，一张书写工整、填写齐全、摘要精练的票据能表现一个出纳人员的工作能力。

4）具有较高的政策水平

出纳工作涉及的"规矩"很多，如《会计法》及各种会计制度、现金管理制度、银行结算制度、《会计基础工作规范》成本管理条例、费用报销额度、税收管理制度、发票管理办法，以及本单位的财务管理规定等。这些法规、制度如果不熟悉、不掌握，是绝对做不好出纳工作的。所以，要做好出纳工作的第一件大事就是学习、了解、掌握财经法规和制度，提高自己的政策水平。出纳人员只有刻苦掌握政策法规和制度，明白哪些该做，哪些不该做，哪些该抵制，工作起来才会得心应手，不会犯错误。

5）具有极强的安全意识

现金、有价证券、票据、各种印鉴，既要有内部的保管分工，各负其责，并相互牵制，也要有对外的保安措施，从办公用房的建造、门、屉、柜的锁具配置，到保险柜密码的管理，都要符合安保的要求。出纳人员既要密切配合安保部门的工作，也要增强自身的安保意识，学习安保知识，把保护分管的公共财产物资的安全、完整作为首要任务来完成。

6. 出纳工作的主要内部控制制度

出纳工作的主要对象是货币资金，因此出纳工作中必须遵守以下有关货币资金的内部控制制度。

1）职责分工和职权分离制度

货币资金收支应由出纳人员和会计人员分工负责、分别办理，职责分明、职权分离。会计不得兼任出纳;出纳不得兼任稽核,会计档案保管,收入费用、债权债务账目的登记工作。具体要做到,货币资金收付业务的经办、审批、记录与办理收付款业务的人员相分离;登记库存现金、银行存款日记账的出纳人员与登记总账及收入支出、债权债务明细账的人员相分离;出纳人员应与货币资金清查人员相分离,即货币资金清查必须指定其他的专门人员,不能由出纳人员一人完成。

2）授权和批准制度

所有货币资金的经济活动必须按权限进行审批。单位应明确规定各类业务授权批准的范围、权限、程序、责任等内容,单位内部的各级管理层必须在授权范围内行使职权和承担责任,经办人员也必须在授权范围内办理业务。

3）内部记录和核对制度

所有货币资金的经济业务必须按会计制度规定进行记录。各种收付款业务应集中到会计部门办理,任何部门和个人不得擅自出具收款或付款凭证。记录经济业务时,必须采取一系列措施和方法,按照规定的程序办理货币资金支付业务,把好支付申请、支付审批、支付复核三道关,以保证会计记录的真实、及时和正确。货币资金的核对制度包括审核原始凭证、记账凭证和进行账账核对及账实核对。出纳人员要自觉进行经常性的对账工作,包括月末进行总账与日记账核对、每日进行现金清查、每月月末与指定人员一起核对银行存款日记账和银行对账单,并编制银行存款余额调节表,调节未达账项。对账实不符的现金及银行存款,出纳人员应及时查明原因,必要时向会计机构负责人或单位负责人汇报。

4）货币资金安全制度

对货币资金须有健全的保护措施,有专人负责保管,有专人进行内部监督。货币资金安全制度主要包括以下内容。

（1）建立现金保管及有价证券保管制度。

（2）加强与货币资金相关账户的管理,明确各种票据的购买、保管、领用、背书转让、注销等环节的职责权限和程序,并设立登记簿进行记录,防止空白票遗失和盗用。

（3）加强银行预留印鉴的管理。

（4）出纳人员应保守保险柜密码、银行账号及密码等秘密,坚决抵制一切未经授权接触货币资金、印鉴、票据的行为。

5）收支凭证和传递手续

货币资金的收支事项,均应有一定的收支凭证和传递手续,使各项业务按正常渠道运行。每笔收款都要开票;每笔支出都应有单位负责人审批、会计主管审核、会计人员复核;尽可能使用转账结算,现金结算的款项应及时送存银行。出纳人员收妥每笔款项后应在收款凭证上加盖"收讫"章;支付每一笔款项都应以健全的凭证和完备的审批手续为依据,付款后,须在付款凭证上加盖"付讫"章。

6）规章制度

严格执行国务院颁布的《现金管理暂行条例》,按国家规定的用途使用现金,在允许的现金开支范围内进行现金支付;取得的货币资金收入应按规定及时存入银行,遵守关于库存现金限额的规定,并不得坐支现金,不得私设"小金库",不得账外设账,严禁收款不入账;严格执行《银行结算制度》,不得签发空头支票和空白支票,不得出借银行存款账户。建立对货币资金业务的监督检查制度，明确监督检查机构或人员的职责权限，定期和不定期地进行检查。

7）资金预算控制制度

资金预算控制旨在对单位一定时期货币资金的流入和流出进行统筹安排。货币资金预算的编制应与处理、记录相分离。货币资金预算编制完毕，财务总监应认真监督预算的执行，定期比较经营过程中实际收支与预算的差异，对重大差异进行仔细分析。

项目1

出纳工作交接业务

 学习目标

知识目标

1. 掌握出纳交接的内容。

2. 掌握出纳交接的流程及注意事项。

技能目标

能够做好出纳交接工作。

素质目标

1. 增强法律意识,培养懂法、守法、用法的职业品质。

2. 培养爱岗敬业、坚持准则的会计职业道德。

重点与难点

重点

出纳交接的内容。

难点

出纳交接的过程。

项目引例

海洋电器股份有限公司(简称海洋公司),主要经营销售各种家用电器。海洋公司纳税人识别号为91370211258774×××E,注册地为山东省青岛市李沧区九水路001号,电话号码为0532-12344×××。

单位负责人为周正,公司会计主管为刘毅,记账会计为孙胜,制单会计为殷悦,稽核会计为赵阳,出纳为王玉。孙胜的身份证号码为370202199011215×××,发证机关青岛市公安局。公司采购部门采购业务员为郑天乐,负责人为赵辉。销售部门收银员为王一帆,销售员为卜邵丽，销售部门负责人为张艳芳。

公司开户银行有两个，分别为中国工商银行李沧支行，账号为 0532123456789；中国建设银行青城分行，账号为 0532987654321。

海洋公司根据公司内部会计控制制度的相关规定，要求出纳和会计人员定期轮岗，2023 年 4 月 30 日，原记账会计孙胜与出纳王玉办理交接，由会计主管刘毅监交。交接后由孙胜担任出纳，王玉担任记账会计。

以上业务主要涉及出纳工作的交接。通过本项目的学习，可系统了解出纳工作交接的内容、过程及注意事项。

 思维导图

1.1.1 知识储备

1. 出纳交接的作用

出纳交接是指在岗出纳人员发生岗位变动时，由离任人将有关内容移交给接管人，同时由监交人始终在场核验、监督的交接过程。

出纳交接的作用
及工作内容

出纳交接属于会计交接的组成部分，是出纳的交接、移交和监交三方必须履行的法定程序，并将承担相应的法律责任。《会计法》第四十一条规定："会计人员调动工作或者离职，必须与接管人员办清交接手续。"

2. 出纳交接的内容

1）凭证、账本和票据交接

凭证、账本和票据的交接内容如表 1-1 所示。

表 1-1　凭证、账本和票据的交接内容

序号	内　容	备　注
1	会计凭证	
2	会计账本	
3	支票领用登记簿	
4	发票	包括空白、已用和作废
5	收据	包括空白、已用和作废
6	发票购领簿	

续表

序号	内 容	备 注
7	发票登记簿	
8	转账支票	包括空白、已用和作废
9	现金支票	包括空白、已用和作废
10	电汇凭证	包括空白、已用和作废
11	空白的税收缴款书、银行业务凭证和其他业务单据	
12	银行对账单	
13	其他相关资料	

2）现金和有价证券交接

现金和有价证券交接的内容包括库存现金，存折、存单及密码，有价证券、借据以及押金凭证。

3）银行物件交接

银行物件交接的内容如表 1-2 所示。

表 1-2 银行物件交接的内容

序号	内 容	序号	内 容
1	银行支付密码器和说明书	4	银行预留印鉴卡
2	支票购买证	5	电子回单柜 IC 卡
3	网上银行密码、操作说明书和网上银行钥匙（专用 U 盘）	6	银行代发工资软盘
		7	银行开户许可证

4）税务物件交接

税务物件交接的内容包括税控 IC 卡、税控开票 U 盘、操作密码、读卡器与开票系统安装盘及说明书。

5）资料和报表交接

资料和报表交接的内容包括会计电算化软件、操作方法与程序、操作密码、资料及实物，以及电子版报表、操作密码与纸质报表。

6）存档物件交接

存档物件交接主要包括以下内容。

（1）所保管的会计档案及相关资料。

（2）所管理的文件、规定、目录、书刊、合同、协议。

（3）所管理的银行、税务、工商、技监、劳动、统计等证卡。

7）印章、设备和用具交接

印章、设备和用具交接的内容如表 1-3 所示。

表 1-3　印章、设备和用具交接的内容

序号	印章和辅助用品内容	序号	设备和用具内容
1	会计科目章	1	计算机和操作密码
2	财务章	2	票据打印机
3	发票章	3	点钞机
4	税务代码章	4	支票打印机
5	银行预留印鉴章	5	电子信息存储工具
6	现金收讫章	6	保险柜钥匙、密码、操作方法及说明书
7	现金付讫章	7	凭证装订机
8	银行收讫章	8	计算器
9	银行付讫章	9	裁纸刀及其他相关设备
10	公司名称长条章	10	设备、用具的操作使用说明书
11	印台、印油、印垫	11	系统安装软件、安装说明

8）其他工作事项交接

除上述内容外，出纳交接还包括以下工作事项：

（1）所管理的各类对外事项的办理程序资料；

（2）其他经办工作相关联的联系电话、联系人、地址等信息资料；

（3）其他专业工作资料、书刊、电子文件等资料；

（4）原出纳人员离岗后履行协助义务时的联系信息。

3. 出纳交接的注意事项

（1）在出纳交接过程中，一般应由会计主管人员监交，必要时还可请上级领导一同监交。

（2）在出纳交接过程中，如果接管人发现移交人交代不清，或者故意为难，应请监交人及时处理裁决。若移交人不做交代，或者交代不清，接管人可以拒绝接管。

（3）在出纳交接过程中，接管人在接管物资时一定要当面看清、点数、核对，不得由他人代替。

（4）交接后，接管人应及时向开立账户的银行办理更换出纳员印鉴的手续，检查保险柜的使用是否正常、妥善，保管现金、有价证券、贵重物品、公章等的条件和周围环境是否安全，若不够妥善、安全，要立即采取改善措施。

（5）接管的出纳人员应继续使用交接的账簿，不得自行另立新账，以保持会计记录的连续性。对于交接的银行存折和未用的支票，应继续使用，以免单位遭受损失。

（6）交接后，原出纳人员对本人经办的已经移交的资料的合法性、真实性承担法律责任。

1.1.2　技能储备

出纳交接的过程

出纳交接过程必须在监交人的监督下进行，接管人应按照出纳移交工作明细表逐项核对点收。出纳交接的过程具体如下。

（1）现金、有价证券要根据出纳账和备查账簿余额进行点收。现金、有价证券必须与会计账簿记录保持一致。若不一致，原出纳人员必须限期查清。

（2）会计凭证、会计账簿等会计资料必须完整无缺。尤其在账簿交接时，接管人应着重核对账账、账物是否一致，核对无误后，交接双方应在账簿的经管人员一览表中签章，并注明交接日期。

（3）银行存款账户余额要与银行对账单核对，若不一致，应当编制银行存款账户余额调节表。若调整后余额仍然不符，应及时查明原因，明确责任。

（4）票据、印章和其他实物也必须交接清楚。

（5）保险柜密码、重要工作所需钥匙应先按实际情况进行交接，待交接完毕后，需重新更换保险柜密码和锁具。

（6）定期采用计算机打印活页账页现金日记账、银行存款日记账和有价证券明细账的，在不能满页打印的情况下不能进行交接，应将账页打印并装订成册后，再进行交接。

（7）在出纳交接过程中，还应对工作计划和待办事项交代清楚。

（8）交接完毕后，交接双方和监交人要在出纳移交工作明细表上签名盖章。

1.1.3　实践训练

出纳交接业务

1）业务描述

出纳交接业务

海洋公司原出纳王玉2023年4月30日做好出纳交接准备工作，并与原记账会计孙胜进行交接。根据企业内部控制制度的规定，本次交接工作由会计主管刘毅负责监交。

2）背景资料

本次出纳交接的内容如下。

（1）现金日记账1本，2023年4月30日账面余额9 000.00元，与实际相符。

（2）银行存款日记账2本，其中中国建设银行青城分行银行存款日记账2023年4月30日账面余额为2 484 574.34元，与银行对账单金额不符；中国工商银行李沧支行银行存款日记账2023年4月30日账面余额为90 000.00元，与银行对账单金额相符。

（3）保险柜1个、文件柜1个、点钞机1台、打印机1台、计算器1个、钥匙3把。

（4）财务专用章1枚、现金收讫章1枚、现金付讫章1枚。

（5）支票领用登记簿1本。

（6）空白转账支票10张：00715660号至00715669号。

（7）空白现金支票12张：10613654号至10613665号。

（8）在用收据1本：4885151号至4885200号（已开到4885189号）；空白收据3本：4885201号至4885350号。

出纳交接的流程和内容是什么？原出纳王玉在交接过程中应注意哪些事项？

3）业务操作流程

（1）孙胜根据原出纳王玉提供的出纳移交工作明细表（见表1-4）的内容与实物一一对应进行查验并接收。

表 1-4　出纳移交工作明细表

原出纳王玉因轮岗原因，将出纳工作移交给孙胜接管，现办理如下交接。

1. 交接日期

2023 年 4 月 30 日。

2. 具体业务的移交

① 库存现金：4 月 30 日账面余额 9 000.00 元，实存相符，月记账余额与总账相符。

② 银行存款余额明细如下。

项次	银行账户名称	银行账号	银行存款余额	备　注
1	海洋电器股份有限公司	0532987654321	2 484 574.34	

以上数据与 2023 年 4 月 30 日银行提供的银行对账单余额不符，编制银行存款余额调节表后，核对相符。

3. 移交的会计凭证、账簿、文件

① 本年度现金日记账 1 本。

② 本年度银行存款日记账 2 本。

③ 空白现金支票 12 张（10613654 号至 10613665 号），作废现金支票 0 张。

④ 空白转账支票 10 张（00715660 号至 00715669 号），作废转账支票 0 张。

⑤ 空白收据 3 本（4885201 号至 4885350 号），在用收据 1 本（4885151 号至 4885200 号，已开到 4885189 号）。

4. 保险箱、银行物件交接

① 保险柜 1 个、文件柜 1 个、点钞机 1 台、打印机 1 台、计算器 1 个、钥匙 3 把。

② 支票领用登记簿 1 本。

5. 印鉴

① 财务专用章 1 枚。

② 现金收讫章 1 枚。

③ 现金付讫章 1 枚。

6. 交接前后工作责任的划分

2023 年 4 月 30 日前的出纳责任事项由王玉负责；2023 年 5 月 1 日起的出纳工作由孙胜负责。以上移交项均经交接双方认定无误。

7. 本交接书一式三份，双方各执一份，存档一份

移交人：王玉　接管人：孙胜　监交人：刘毅

海洋电器股份有限公司
2023 年 4 月 30 日

① 清点保险柜现金，检查与库存现金日记账（见图 1-1）余额是否相符。

② 由于中国建设银行青城分行银行存款日记账（见图 1-2）与银行对账单（见图 1-3）余额不相符，需查看银行存款余额调节表（见表 1-5）。

现金日记账

2023年 月	日	凭证 字	号	摘要	对方科目	借方金额	贷方金额	余额	√
4	1			期初余额				9 662.40	☑
	2	收	1	现金		1 000.00		10 662.40	☑
	5	付	1	王华报销办公用品			125.80	10 536.60	☑
	7	付	2	李斌差旅费借款			1 200.00	9 336.60	☑
	10	收	2	收零星销售款		1 895.00		11 231.60	☑
	12	收	3	收取供应商保证金		2 000.00		13 231.60	☑
	12	付	3	业务员李晓差旅费借款			1 830.70	11 400.90	☑
	17	付	4	公司3月白云区库房租金			920.00	10 480.90	☑
	21	付	5	张伟报销办公费			1 780.90	8 700.00	☑
	25	收	4	送水站退还水桶押金		300.00		9 000.00	☑
				本月合计		5 195.00	5 857.40	9 000.00	☑

图 1-1 库存现金日记账

银行存款日记账

2023年 月	日	凭证编号	摘要	结算方式 种类	号码	对方科目	收入（借方）	√	支出（贷方）	√	余额	√
4	1		期初余额					☐		☐	2 290 793.30	☐
	4	银付1	提现	现支	1001			☐	200 000.00	☐	2 270 793.30	☐
	5	银收1	收到销货款	转支	2001		274 000.00	☐		☐	2 298 193.30	☐
	6	银收2	收前欠款	转支	2003		200 080.00	☐		☐	2 498 273.00	☐
	8	银付2	付水费	委托收	4001			☐	2 800.19	☐	2 495 473.11	☐
	10	银付3	购入材料	转支	2004			☐	40 950.00	☐	2 454 523.11	☐
	16	银付4	付工资	转支	2005			☐	127 000.62	☐	2 327 522.49	☐
	17	银付5	提现金	现支	1002			☐	5 000.00	☐	2 322 522.49	☐
	20	银付6	还借款利息	其他	8002			☐	156 000.67	☐	2 166 521.82	☐
	20	银收3	收到货款	转支	2007		23 400.00	☐		☐	2 189 921.82	☐
	27	银收4	销售商品	转支	2009		220 680.00	☐		☐	2 410 601.82	☐
	29	银收5	收到销货款	转支	2010		82 000.00	☐		☐	2 492 601.82	☐
	30	银收6	收违约款	转支	2011		33 000.00	☐		☐	2 525 601.82	☐
	30	银付7	支付租金	转支	2012			☐	10 000.00	☐	2 515 601.82	☐
	30	银付8	交税	其他	8004			☐	31 027.48	☐	2 484 574.34	☐
	30		本月合计				586 560.00	☐	392 778.96	☐	2 484 574.34	☐

图 1-2 银行存款日记账（中国建设银行青城分行）

中国建设银行青城分行对账单

单位名称：海洋电器股份有限公司

账号：0532987654321　　　　　　　　单位：元　　　　　　打印时间：2023 年 4 月 30 日

2023年 月	日	结算凭证 种类	号数	摘　要	借　方	贷　方	余　额	柜员
4	1			月初余额			2 290 793.30	01
	4	现支	1001		20 000.00		2 270 793.30	01
	5	转支	2001	收到销货款		27 400.00	2 298 193.30	01
	6	转支	2003	收前欠款		200 080.00	2 498 273.30	03
	8	委托收款	4001	付水费	2 800.19		2 495 473.11	02
	9	银行汇票	5001	预收货款		100 000.00	2 595 473.11	03
	10	转支	2004	购入材料	40 950.00		2 554 523.11	03
	16	转支	2005	付工资	127 000.62		2 427 522.49	01
	17	现支	1002	提现金	5 000.00		2 422 522.49	01
	20	其他	8002	还借款利息	156 000.67		2 266 521.82	01
	20	转支	2007	收到货款		23 400.00	2 289 921.82	03
	27	转支	2009	销售商品		220 680.00	2 510 601.82	03
	30	其他	8004	交税	31 027.48		2 479 574.34	02
	30	其他	8005	收到利息		2 000.04	2 481 574.38	02
	30			本月合计	382 778.96	573 560.04	2 481 574.38	02

图 1-3　银行对账单

表 1-5　银行存款余额调节表

编制单位：海洋电器股份有限公司　　　　　单位：元　　　　　　　2023 年 4 月 30 日

项　目	金　额	项　目	金　额
企业银行存款日记账	2 484 574.34	银行对账单余额	2 481 574.38
加：		加：	
预收货款	100 000.00	收到销货款	82 000.00
收到利息	2 000.04	收违约款	33 000.00
减：		减：	
		支付租金	10 000.00
调整后余额	2 586 574.38	调整后余额	2 586 574.38

③ 根据出纳移交工作明细表对其他物资一一核查。

（2）查验无误后，分别在出纳移交工作明细表与账簿启用及交接表（见表 1-6）中签字确认。

表 1-6　账簿启用及交接表

账簿启用表

单位名称	海洋电器股份有限公司									单位盖章
账簿名称	现金日记账									
账簿编号	2023 年　总　册　第　5　册									
账簿页数	本账簿共计 50 页									
启用日期	2023 年 1 月 1 日									

经管人	负责人			制单			稽核			印花税票粘贴处
	职别	姓名	盖章	职别	姓名	盖章	职别	姓名	盖章	
	会计主管	刘毅		会计	殷悦		会计	赵阳		

交接记录	职别	姓名	接管				移交				印花税票粘贴处
			年	月	日	盖章	年	月	日	盖章	
	出纳	王玉					2023	4	30		
	记账会计	孙胜	2023	4	30						

出纳工作交接业务
课后题

项目2

库存现金结算业务

学习目标

知识目标

1. 掌握库存现金结算业务相关基础知识。

2. 掌握库存现金结算业务中原始单据所反映的经济实质。

技能目标

1. 熟练操作现金存取业务。

2. 熟练操作现金收支业务。

3. 熟练操作现金往来业务。

4. 能够填制库存现金结算业务中涉及的原始凭证。

5. 能够辨析库存现金结算业务中原始单据的真实性、完整性和合理性。

素质目标

1. 增强法律意识,培养知法、懂法、用法的职业品质。

2. 培养爱岗敬业、强化服务、提高技能的会计职业道德。

重点与难点

重点

1. 现金存取业务账务处理及业务操作。

2. 现金往来业务账务处理及业务操作。

难点

会计数字书写规范及金额书写规范。

项目引例

海洋公司 2023 年 5 月发生的部分现金业务如下:4 日,出纳孙胜根据零星支出等资金需求从开户银行提取现金 20 000 元;5 日,缴存超过库存现金限额的现金 1 331 元;6 日,收到门店交来的电器现金零售款 11 300 元;7 日,销售业务员王超报销业务招待费 169.95 元,现金支付;13 日,采购业务员刘立辉预借差旅费 2 000 元,现金支付;20 日,收到崂山矿泉水公司归还的水桶押金 500 元。

　　以上业务均为库存现金结算业务,通过本项目的学习,可系统掌握各类库存现金结算业务的办理。

2.1　现金存取业务

思维导图

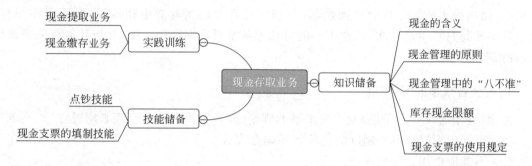

2.1.1　知识储备

1. 现金的含义

现金的含义及
管理原则

　　现金从理论上来讲,有广义与狭义之分。广义的现金是指随时可作为流通与支付手段的票证,不论是法定货币或信用票据,只要具有购买或支付能力,均可视为现金,包括库存现款和视同现金的各种银行存款、流通证券等。狭义的现金是指由企业出纳人员保管作为零星业务开支之用的库存现款,包括企业所拥有的硬币、纸币。本章所指的现金均为狭义的现金。

　　会计范畴的现金又称库存现金,是指存放在企业并由出纳人员保管的现钞,包括库存的人民币和各种外币。

2. 现金管理的原则

　　根据我国《现金管理暂行条例》的规定,现金管理应遵循以下四大原则。

　　1) 收付合法原则

　　收付合法原则是指各单位在收付现金时必须符合国家的有关方针、政策和规章制度。这里所说的合法有两层含义:其一是现金的来源和使用必须合法;其二是现金收付必须在合法的范围内进行。

　　2) 钱账分管原则

　　钱账分管原则是指"管钱的不管账,管账的不管钱"。为保护现金的安全,会计工作岗位要有明确的分工,在财会部门内部建立相互制约和监督的机制。企业应配备专职的出纳人员负责办理现金收付业务和现金保管业务,任何非出纳人员均不得经管现金,这样便于相互核对账面,防止贪污盗窃和错账差款的发生。经管现金的出纳人员不得兼管收入、支出、债权债务账簿的登记工作、稽核工作和会计档案的保管工作。经营收入、支出、债权债务登记工作的会计人员,不得兼管出纳账簿登记工作、现金的收付工作和现金的保管工作。

3) 收付两清原则

为了避免在现金收付过程中发生差错,防止收付发生长、短款,现金收付时要复核。不论工作是否繁忙、金额大小或对象熟生,出纳人员对收付的现金都要进行复核,或由另外一名会计人员复核,切实做到现金收付不出差错。要做到收付款当面点清,对来财会部门取交现金的人员,要督促他们当面点清,如有差错当面解决,以保证收付两清。

4) 日清日结原则

日清日结原则是指出纳人员必须对每天发生的现金收付业务进行清理,全部记入现金日记账,结出每天的库存现金账面余额,并与库存现金的实有数额相核对,保证账实相符。现金日记账每月至少结一次账,业务多的可几天或半月定期结一次账,并与其他有关账面核对,看账账是否相符。

3. 现金管理中的"八不准"

按照《现金管理暂行条例》及实施细则的规定,开户单位对现金管理必须遵守"八不准"。

（1）不准用不符合财务制度的凭证顶替库存现金。

（2）不准谎报用途套取现金。

（3）不准单位间互相借用现金,扰乱市场经济秩序。

（4）不准利用银行账户代其他单位和个人存入或支取现金,逃避国家金融监管。

（5）不准将单位收入的现金以个人储蓄名义存入银行。

（6）不准保留账外公款（即小金库）。

（7）不准发行变相货币,不准以任何内部票据代替人民币在社会上流通。

（8）不准未经批准坐支或者未按开户银行核定的坐支范围和限额坐支现金。

开户单位如有违反现金管理"八不准"的情况之一的,开户银行应按照中国人民银行的规定,予以警告或者罚款;情节严重的,可在一定期限内停止对该单位的贷款或者现金支付。

4. 库存现金限额

库存现金限额是指为保证各单位日常零星支付,按规定允许留存现金的最高数额。库存现金的限额由开户银行根据开户单位的实际需要和距离银行远近等情况核定,其限额一般按照企业 3~5 天日常零星开支所需现金确定。远离银行机构或交通不便的单位可依据实际情况适当放宽,但最高不得超过 15 天。

按照规定,库存现金限额每年核定一次,其核定程序如下。

（1）由开户单位与开户银行协商核定库存现金限额,核定公式为

库存现金限额＝前一个月的平均每天支付的数额（不含每月平均工资数额）×限定天数

（2）开户单位根据银行核定的库存现金限额填报库存现金限额申请批准书。

（3）开户单位将申请批准书报送单位主管部门。单位主管部门签署意见后,再报开户银行审查批准。

（4）开户银行经过审查、核定和综合平衡后，在申请批准书上填写批准限额数。

（5）开户单位以开户银行批准的限额数作为库存现金限额。经核定的库存现金限额，单位必须严格遵守。需要增加或减少库存现金限额时，应向开户银行提出申请，由开户银行核定。

5. 现金支票的使用规定

（1）没有金额起点的限制。

（2）能够满足开户单位和个人现金开支的需要。

（3）现金支票只能支取现金，不得用于转账。

（4）现金支票不能背书转让。

（5）客户结清销户时，应将未用空白支票交还银行。

（6）现金支票仅限于收款人向付款人（出票人开户行）提示付款。

（7）客户应在其存款账户的余额内签发支票，如透支银行予以退票，并按票面金额处以5%但不低于1 000元的罚款。

（8）现金支票提示付款期限为10日，若客户开出的现金支票超过付款期，开户银行不能受理；现金支票的权利时效为出票日起六个月。

知识延伸

数字人民币

1. 数字人民币的概念

数字人民币是由中国人民银行发行的数字形式的法定货币，由指定运营机构参与运营并向公众兑换，以广义账户体系为基础，支持银行账户松耦合功能，与纸钞硬币等价，具有价值特征和法偿性，支持可控匿名。

数字人民币的概念有两个重点：一是数字人民币是数字形式的法定货币；二是数字人民币和纸钞、硬币等价，数字人民币主要定位于M_0，也就是流通中的现钞和硬币。

与比特币等虚拟币相比，数字人民币是法定货币，与法定货币等值，其效力和安全性是最高的，而比特币是一种虚拟资产，没有任何价值基础，也不享受任何主权信用担保，无法保证价值稳定。这是央行数字货币与比特币等加密资产的最根本区别。

2. 数字人民币的期待作用

（1）避免纸钞和硬币的缺点，如印制发行成本高、携带不便，容易匿名、伪造，存在被用于洗钱、恐怖融资的风险。

（2）满足人们一些正常的匿名支付需求，如小额支付。

（3）极大节约造币所需的各项成本。

（4）减少货币交易中的病毒、细菌传播机会。

（5）支付宝、微信支付等电子支付方式已经成为一种公共产品或服务，一旦出现服务中断等极端情况，会对社会经济活动和群众生活产生非常大的影响。这就要求中国人民银行作为一个公共部门，要提供类似功能的工具和产品，作为相应公共产品的备份。

根据中国人民银行2021年发布的《中国数字人民币的研发进展白皮书》，数字人民币研发试验已基本完成顶层设计、功能研发、系统调试等工作，正遵循稳步、安全、可控、创新、实用的原则，选择部分有代表性的地区开展试点测试。2019年年底，数字人民币相继在深圳、苏州、雄安新区、成都及冬奥场景启动试点测试，到 2020 年 10 月，增加了上海、海南、长沙、西安、青岛、大连 6 个试点测试地区。

2.1.2 技能储备

1. 点钞技能

点钞技能

1）手工点钞技能

（1）点钞的基本程序

① 拆把：把待点的成把钞票的腰条拆掉。拆把有两种方式，一种是用手指勾断，另一种是将腰条纸脱去，保持其原状。

② 点数：手点钞，脑记数，点准 100 张。

③ 扎把：把点准的 100 张钞票墩齐，每把钞票清点完毕后，用腰条扎紧。腰条要求扎在钞票的 1/2 处，左右偏差不得超过 2cm。腰条要扎紧，以提起第一张钞券不被抽出为准。

④ 盖章：在扎好的钞票的腰条上加盖经办人名章，以明确责任。

（2）点钞的基本要求

在人民币的收付和整理中，应对混乱不齐、折损不一的钞票进行整理，使之整齐美观。整理要求：平铺整齐，边角无折；同票一起，不能混淆；票面同向，不能颠倒；验查真伪，去伪存真；剔除残币，完残分放；百张一把，十把一捆；扎把捆捆，经办盖章；清点结账，复核入库。

出纳人员在办理现金收付和整理时，要做到"快""好""准"。其中，"快"是指在准的前提下，加快点钞速度，提高工作效率；"好"是清点的钞票要符合"五好钱捆"的要求，即要点准、挑净、对齐、扎紧、盖章清楚；"准"是指清点、整理准确无误。"准"是做好现金收付和整点工作的基础和前提，"快"和"好"是加速货币流通、提高服务质量的必要条件。

（3）点钞的基本要领

① 坐姿端正。点钞时应直腰挺胸，身体自然，肌肉放松，双肘自然放在桌上，持票的左手腕部接触桌面，右手腕部稍抬起，这样点钞轻松持久，活动自如。

② 操作定型，用品定位。点钞时使用的印泥、图章、水盒、腰条等要按使用顺序在固定位置放好，以便点钞时使用顺手。

③ 点数准确。

④ 钞票墩齐。钞票点好后必须墩齐（四条边水平，不露头，卷角拉平）才能扎把。

⑤ 扎把捆紧。扎小把，以提起把中第一张钞票不被抽出为准。按"井"字形扎的大捆，以用力推不变形、抽不出票把为准。

⑥ 盖章清晰。腰条上的名章是分清责任的标志，每个人整点后都要盖章，图章要清晰可辨。

⑦ 动作连贯。点钞过程的各个环节（拆把、清点、墩齐、扎把、盖章）必须密切配合，环环相扣。清点中双手动作要协调，速度要均匀，注意减少不必要的小动作。

（4）点钞方法

点钞包括整点纸币和清点硬币。手工点钞根据持票姿势不同，可分为手按式点钞方法和手持式点钞方法。手按式点钞方法是将钞票放在台面上操作；手持式点钞方法是在手按式点钞方法的基础上发展而来的，其速度比手按式点钞方法快，因此，手持式点钞方法在全国各地应用比较普遍。手持式点钞方法根据指法不同又可分为单指单张、单指多张、多指多张、扇面式点钞。手工清点硬币的方法,也是一种手工点钞法。在没有工具之前,硬币全部用手工清点,这是清点硬币的一种基本方法,它不受客观条件的限制,只要熟练掌握,在工作中与工具清点速度相差不大。下面重点介绍最常见的手持式点钞方法——单指单张点钞法。

单指单张点钞法是指用一个手指一次点一张的方法。这种方法是点钞中最基本也是最常用的一种方法,使用范围较广,频率较高,适用于收款、付款和整点各种新旧大小钞票。这种点钞方法由于持票面小,能看到票面的 3/4,容易发现假钞票及残破票,缺点是点一张记一个数,比较费力。具体操作方法如下。

① 持钞。左手横执钞票,下面朝向身体,左手拇指在钞票正面左端约 1/4 处,食指与中指在钞票背面与拇指同时捏住钞票,无名指与小指自然弯曲并伸向票前左下方,与中指夹紧钞票,食指伸直,拇指向上移动,按住钞票侧面,将钞票压成瓦形,左手将钞票从桌面上擦过,拇指顺势将钞票向上翻成微开的扇形,同时,右手拇指、食指做点钞准备。

② 清点。左手持钞并形成瓦形后,右手食指托住钞票背面右上角,用拇指尖逐张向下捻动钞票右上角,捻动幅度要小,不要抬得过高。要轻捻,食指在钞票背面的右端配合拇指捻动,左手拇指按捏钞票不要过紧,要配合右手起自然助推的作用。右手的无名指将捻起的钞票向怀里弹,要注意轻点快弹。

③ 记数。与清点同时进行。在点数速度快的情况下,往往由于记数迟缓而影响点钞的效率,因此记数应该采用分组记数法。把 10 作 1 记,即 1、2、3、4、5、6、7、8、9、1(即 10)、1、2、3、4、5、6、7、8、9、2(即 20)。以此类推,数到 1、2、3、4、5、6、7、8、9、10（即 100）。采用这种记数法记数既简单又快捷,既省力又好记。但记数时要默记,不要念出声,做到脑、眼、手密切配合,既准又快。

(5)扎把方法

点钞完毕后需要对所点钞票进行扎把,通常是 100 张捆扎成一把。扎把分为缠绕式和扭结式两种方法。

① 缠绕式。临柜收款采用此种方法,需使用牛皮纸腰条。其具体操作方法如下:将点过的钞票 100 张墩齐;左手从长的方向拦腰握住钞票,使之成为瓦状(瓦状的幅度影响扎钞的松紧,在捆扎中幅度不能变);右手握着腰条的一端,将其从钞票的长的方向夹入钞票的中间(离一端 1/4～1/3 处)从凹面开始绕钞票两圈;在翻到钞票原度转角处将腰条向右折叠90°,将腰条头绕捆在钞票上转两圈打结;整理钞票。

② 扭结式。考核、比赛采用此种方法,需使用绵纸腰条。其具体操作方法如下:将点过的钞票 100 张墩齐;左手握钞,使之成为瓦状;右手将腰条从钞票凸面放置,将两腰条头绕到凹面,左手食指、拇指分别按住腰条与钞票厚度交界处;右手拇指、食指夹住其中一端腰条头,中指、无名指夹住另一端腰条头,并合在一起,右手顺时针转 180°,左手逆时针转 180°,将拇指和食指夹住的那一头从腰条与钞票之间绕过、打结。

2)机器点钞技能

实务中,手工点钞后出纳一般还要将钞票放在点钞机上再次点钞,以保证金额无误、无假币。点钞机是一种自动清点钞票数目的机电一体化装置,带有钞票识别功能,是集计数和钞票辨别真伪功能于一体的机器。由于现金流通规模庞大,出纳的现金处理工作繁重,点钞机已成为不可缺少的设备。利用点钞机点钞需经过以下三个步骤。

(1)整理钞券

在进行机器点钞前,需将钞票整理平整,若纸币褶皱较多或缺角严重,会使点钞机卡币,不能准确点钞。对于没有混点功能的点钞机,还需将钞票进行分类,同一币值的分为一叠,分类进行点钞。

（2）开启点钞机电源并放入钞票

整理好钞票后打开点钞机电源,将整理平整的钞票放入点钞机的验钞口即可,机器会自动开始计数验钞。机器的数码显示屏会显示已验过的纸币张数。

小贴士

钞票需竖直地放入点钞机,不要倾斜,否则会使点钞机卡币。

（3）反面再次点钞

将点钞机第一遍点好的钞票换面放入点钞机再验一遍,以保证正确无误。

点钞机的使用虽然比较简单,但在出纳工作中起到了很大的作用,出纳人员不仅要会使用点钞机,还要学会点钞机的日常保养。保养点钞机最重要的一点就是除尘,隔几天就要除一次尘,以保证点钞机计数准确。

2. 现金支票的填制技能

现金支票的
填制技能

使用现金支票取现、支付款项等,填写现金支票正面、背面。

1）支票正面

支票正面如图 2-1 所示,图中序号说明如下。

① 填写出票日期,出票日期必须使用中文大写,不得更改。月为"壹""贰""壹拾"的,应在其前加"零"。日为"壹"至"玖"和"壹拾""贰拾""叁拾"的,应在其前加"零";日为"拾壹"至"拾玖"的,应在其前加"壹"。

② 填写付款行名称和出票人账号,即出票人的开户银行名称及存款账户的账号。

③ 填写收款人全称,不得更改。

④ 填写人民币大写金额,不得更改,大写金额数字应紧接"人民币"字样填写,不得留有空白。

⑤ 填写小写金额,不得更改,大小写金额必须一致,小写金额前面加人民币符号"￥"。

⑥ 填写款项的用途,必须符合国家现金管理的规定。

⑦ 需要使用支付密码时,填写支付密码。

⑧ 出票人签章,即出票人预留银行的签章。

⑨ 需要时填写附加信息,如预算单位办理支付结算业务填写附加信息代码,与背面一致。

⑩ 存根联的出票日期,与正联一致,用小写。

⑪ 存根联的收款人,与正联一致,可简写。

⑫ 存根联的金额,与正联一致,用小写。

⑬ 存根联的用途,与正联一致。

⑭ 单位主管审批签章。

⑮ 会计人员签章。

2）支票背面

支票背面如图 2-2 所示,图中序号说明如下。

① 收款人签章,若收款人为本单位则加盖预留银行的签章,若收款人为个人则加盖个人的签名或盖章。

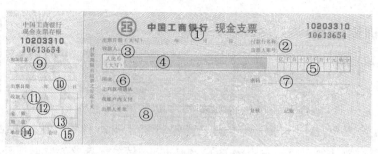

图 2-1　现金支票正面

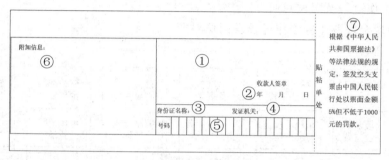

图 2-2　现金支票背面

② 填写提示付款日期。

③ 若收款人为个人,需填写提交的身份证件名称。

④ 若收款人为个人,需填写提交的身份证件的发证机关。

⑤ 若收款人为个人,需填写身份证件号码。

⑥ 填写附加信息,如预算单位办理支付结算业务填写附加信息代码,非必要记载事项。

⑦ 票据凭证不能满足背书人记载事项的需要,可以加附粘单,粘附于票据凭证上。粘单上的第一记载人,应当在汇票和粘单的粘接处签章。

知识延伸

支付密码器

银行在受理现金支票取现业务时,是根据银行预留印鉴及支付密码来判断是否将款项交由持票人的。因此,出纳在办理取现业务时,最好将生成的支付密码记录在其他地方,到了银行柜台再填入,以防止不必要的损失。

支付密码是银行为进一步加强票据风险控制而设置的最后一道防线,只有在支票上填写的密码与银行的数据一致,银行才会付款。获取支付密码需要用到支付密码器。支付密码器(图 2-3)由企事业单位等存款人向其开户银行购买,按银行要求签订使用协议,然后按密码器的使用说明加载账号后即可使用。

现金支票上的 16 位号码中,上面 8 位为银行代码,下面 8 位为现金支票的流水号,在使用支付密码器时应输入下面的 8 位流水号。

图 2-3　支付密码器

2.1.3 实践训练

1. 现金提取业务

现金提取业务

1）业务描述

2023 年 5 月 4 日，海洋公司出纳孙胜根据零星支出、差旅费借款等资金需求，开出现金支票，从开户银行（中国工商银行李沧支行，账号 0532123456789）提取现金 20 000 元（假定海洋公司备用金限额为 25 000 元）。这笔提现业务应如何办理，出纳孙胜在该笔业务中的具体职责是什么？

2）业务工作过程及岗位对照

图 2-4 为现金提取业务工作过程及岗位对照。

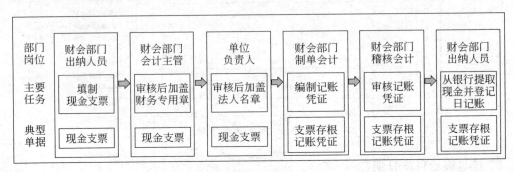

图 2-4　现金提取业务工作过程及岗位对照

3）业务操作流程

（1）出纳孙胜根据零星支出、差旅费借款等资金需求，填写现金支票，如图 2-5 所示。

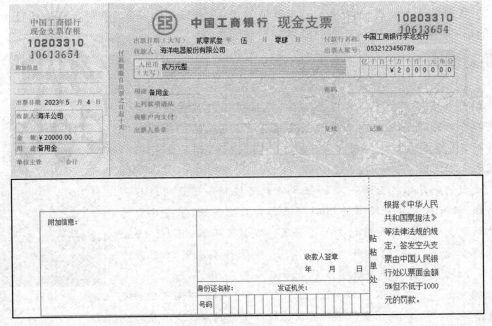

图 2-5　孙胜填写的现金支票

（2）出纳孙胜持现金支票经会计主管刘毅审核后，由刘毅在票据的正面和背面加盖海洋电器股份有限公司财务专用章；报请单位负责人周正审核批准后，由周正（或法人名章保管人员）在支票的正面和背面加盖法人名章，如图 2-6 所示。

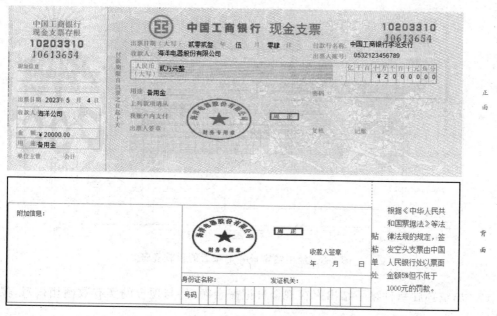

图 2-6　加盖银行预留印鉴章之后的现金支票

（3）出纳孙胜将现金支票存根交制单会计殷悦编制银行存款付款凭证，交由稽核会计赵阳进行审核后以备登记现金、银行存款日记账。经稽核后的付款凭证如图 2-7 所示。

图 2-7　经稽核后的付款凭证

（4）出纳孙胜将现金支票正联送至银行，凭以提取现金。孙胜提取现金时，应认真清点现金的金额，并辨别现金的真伪；同时，孙胜应按照单位资金安全制度的规定，注意取款过程中的保密和安全，由专人陪同前往银行，不得一人办理现金提取。如银行对现金提取业务有提前告知和审核要求的，孙胜应提前一天告知开户银行，并填制好审核表报银行相关部门审核。

（5）出纳孙胜将所提现金存入保险柜。

（6）出纳孙胜对上述付款凭证审核后加盖名章（图2-8），然后根据付款凭证逐日逐笔登记库存现金日记账，并将付款凭证及所附原始凭证交由会计人员据以整理会计凭证、登记总账。

付款凭证

付　字第 1 号
附　件 1 张

贷方科目：银行存款　　　　　　　2023 年 05 月 04 日

对方单位	摘要	借方科目		金额									记账符号
		总账科目	明细科目	千	百	十	万	千	百	十	元	角	分	
	提取备用金	库存现金				2	0	0	0	0	0	0	☑
													☐
													☐
													☐
银行结算方式及票号：			合计	￥		2	0	0	0	0	0	0	☐

会计主管 [刘　聪]　记账 [王　玉]　稽核 [赵　阳]　出纳 [孙　胜]　　制证 [殷　悦]

图 2-8　经出纳审核并记账后的付款凭证

（7）出纳孙胜每日终了结出库存现金日记账余额，并与现金的实有数额相核对，保证账实相符。

2. 现金缴存业务

1）业务描述

2023 年 5 月 5 日，海洋公司出纳孙胜按照财务制度规定进行每日终了的日常现金盘点，将超过库存现金限额的现金 1 331 元缴存银行（开户行：中国工商银行李沧支行，账号：0532123456789）。现金面值 100 元 10 张，现金面值 50 元 6 张，现金面值 20 元 1 张，现金面值 10 元 1 张，现金面值 1 元 1 张。这笔存现业务应如何办理，出纳孙胜在该笔业务中的具体职责是什么？

现金缴存业务

2）业务工作过程及岗位对照

图 2-9 为现金缴存业务工作过程及岗位对照。

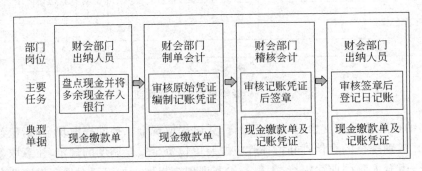

部门岗位	财会部门出纳人员	财会部门制单会计	财会部门稽核会计	财会部门出纳人员
主要任务	盘点现金并将多余现金存入银行	审核原始凭证编制记账凭证	审核记账凭证后签章	审核签章后登记日记账
典型单据	现金缴款单	现金缴款单	现金缴款单及记账凭证	现金缴款单及记账凭证

图 2-9　现金缴存业务工作过程及岗位对照

3) 业务操作流程

（1）出纳孙胜清点票币，将同面额的纸币摆放在一起，按每100张为一把整理好，不够整把的，从大额到小额顺放。款项清点整齐现金核对无误后，根据清点情况填写现金缴款单（图2-10）并将现金送存银行。现金缴款单为一式三联或一式二联：第一联为回单，由银行盖章后退回存款单位；第二联为收入凭证，由收款人开户银行作凭证；第三联为附联，作附件，是银行出纳留底联。填写现金缴款单时，交款日期必须填写为交款的当日，收款单位名称应填写全称，款项来源要如实填写，大小写金额要书写标准，券别和数额栏核实后按券面的张数或券枚填写。然后将款项同现金缴款单一并交银行收款柜收款。银行核对后盖章，并将第一联（回单）交存款单位作记账凭证。

中国工商银行 （现金存款凭条）

日期： 2023 年5 月4 日　　　　浙

存款人	全称	海洋电器股份有限公司		款项来源	超限额现金									
	账号	0532123456789												
	开户行	中国工商银行李沧支行		交款人	孙胜									

金额（大写）	人民币壹仟叁佰叁拾壹元	金额（小写）	亿	千	百	十	万	千	百	十	元	角	分
							¥	1	3	3	1	0	0

票面	张数	十	万	千	百	十	元	票面	张数	千	百	十	元	角	分	备注
壹佰元	10		1	0	0	0		伍角								
伍拾元	6			3	0	0		贰角								
贰拾元	1				2	0		壹角								
拾元	1				1	0		伍分								
伍元								贰分								
贰元								壹分								
壹元	1						1	其他								

注：此联不作为入账依据

第二联 客户核对联

图2-10　现金缴款单

知识延伸

硬币的清点方法

将同额硬币放在一起，分作壹元、伍角、壹角硬币等，每50枚用纸卷成一卷，分币按每100枚用纸卷成一卷，不足一卷的一般不送存银行，留作找零用。

（2）出纳孙胜将银行退回的现金缴款单回单联（图2-11）交由会计制证人员编制现金付款凭证。

（3）制单会计殷悦将付款凭证交稽核会计赵阳进行审核后交给出纳孙胜，如图2-12所示。

（4）出纳孙胜对上述付款凭证审核后加盖名章（图2-13）并登记库存现金日记账。

（5）出纳孙胜每日终了结出库存现金日记账余额，并与现金的实有数额相核对，保证账实相符。

中国工商银行 （现金存款凭条）

日期： 2023 年5 月4 日   浙

存款人	全 称	海洋电器股份有限公司									
	账 号	0532123456789	款项来源	超限额现金							
	开户行	中国工商银行李沧支行	交款人	孙胜							

金额（大写）	人民币壹仟叁佰叁拾壹元	金额（小写）	亿	千	百	十	万	千	百	十	元	角	分
							¥	1	3	3	1	0	0

票面	张数	十	万	千	百	十	元	票面	张数	千	百	十	元	角	分	备注
壹佰元	10		1	0	0	0		伍角								
伍拾元	6			3	0	0		贰角								
贰拾元	1				2	0		壹角								
拾元	1				1	0		伍分								
伍元								贰分								
贰元								壹分								
壹元	1					1		其他								

第二联 客户核对联

注：此联不作为入账依据

图 2-11 现金缴款单回单联

付 款 凭 证

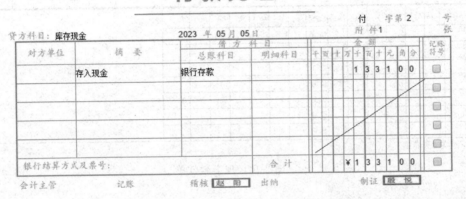

图 2-12 稽核后的付款凭证

付 款 凭 证

图 2-13 出纳审核并记账后的付款凭证

2.2　现金收支业务

 思维导图

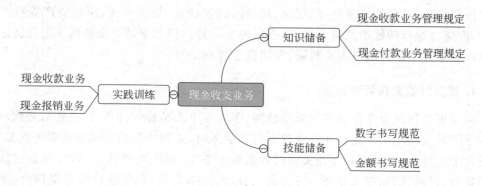

2.2.1　知识储备

为了加强现金收支管理,出纳人员与会计人员必须分清责任,严格执行账、钱、物分管的原则,相互制约,规范办理现金收付业务。

1. 现金收款业务管理规定

现金收款业务在办理过程中应遵循下列规定。

1）现金专人保管

现金必须由出纳人员专人管理,非出纳人员不得经管现金。每日终
了,出纳人员应将当天收入现金及时送存开户银行。确有困难的,应由开 现金收付款业务
户银行确定送存时间。单位收入的现金不准作为储蓄存款存储。企业留　　管理规定
存的现金应由出纳人员按面额整理好后存放在保险柜中,不得随意放置在抽屉内或办公桌上,更不得将现金私自出借、挪用或带出单位。

2）不相容职务相分离

现金收款业务必须按照不相容职务相分离的原则进行岗位划分和流程设计。现金收款业务包括开票、收钱、制证、审核等工作过程,为了防止发生错弊,上述工作过程不允许由一个人全程办理,通常需要由业务部门人员或交款人员、出纳人员、会计制单人员、会计审核人员配合完成,相互牵制,防止错弊。

3）开具收款收据

一切现金收款业务的办理都应开具收款单据,即使有些现金收入已有对方付款凭证,也应开出收据交付款人,以明确经济职责。

知识延伸

不需要开具收据的情形

实务中,收到款项一般都需要开具收款收据,但收取零售款时,会计主要根据销售部

门交来的销售日报表或销售小票进行账务处理，一般不需要开具收据。在商品零售业、旅游业、餐饮服务业等行业中，由于收款业务比较频繁，一般采用由营业员分散收款或收银员集中收款的方式，每天定时向出纳部门交款，其现金收入也应按前述程序办理手续。

4）现金收入范围

按照《现金管理暂行条例》的规定，单位因销售商品、提供劳务、出租资产等所产生的收入，一般应以银行转账形式进行结算，不以现金结算。但如果结算金额低于银行转账结算起点或对方未开立银行账户无法转账，可用现金进行结算。

2. 现金付款业务管理规定

由于现金付款业务存在支付流动性强、多为与个人结算等特点，在办理时必须注意完善各项手续并实施内部牵制。在办理现金付款业务时，必须由收款方提供收据等收款手续，如果是向个人付款，必须由其在相关的付款票据上签字，以明确责任。同时，现金付款业务办理的审核、付款、记账等工作环节应由稽核会计、出纳人员、制单会计等分别执行，不可由一个人全程办理，以防止人为的错弊发生。现金付款业务在办理过程中应遵循以下规定。

1）现金的使用范围

现金收支业务必须严格执行国务院颁布的《现金管理暂行条例》，按国家规定的用途使用现金，在允许的现金开支范围内进行现金支付。《现金管理暂行条例》规定，开户单位可以在下列范围内使用现金：①职工工资、津贴；②个人劳务报酬；③根据国家规定颁发给个人的科学技术、文化艺术、体育等各种奖金；④各种劳保、福利费用以及国家规定的对个人的其他支出；⑤向个人收购农副产品和其他物资的价款；⑥出差人员必须随身携带的差旅费；⑦结算起点以下的零星支出；⑧中国人民银行确定需要支付现金的其他支出。

2）现金支付手续

各单位一切现金支出都要有原始凭证，由经办人签名，经主管和有关人员审核，并由制单人员编制付款凭证后，出纳人员才能据以付款。在付款后，应在原始凭证上加盖"现金付讫"戳记，妥善保管。

3）现金支付纪律

为了强化开户银行对现金的监督与管理，现金支付必须遵守下列纪律。

（1）不准坐支现金。按照《现金管理暂行条例》及其实施细则的规定，开户单位支付现金，可以从本单位库存现金限额中支付或者从开户银行提取，不得从本单位的现金收入中直接支付（即坐支）。这主要是因为坐支使银行无法准确掌握各单位的现金收入来源和支出用途，干扰开户银行对各单位现金收付的管理，扰乱国家金融秩序。坐支现金是违反财经纪律的行为，会受到财经纪律的处罚。

知识延伸

可以坐支的情形

坐支也不是一律都禁止的。按照规定，企业、事业单位和机关、团体、部队因特殊需要确实需要坐支现金的，应事先向开户银行提出申请，说明申请坐支的理由、用途和每月预计坐支的金额，由开户银行根据有关规定进行审查，核定开户单位的坐支范围和坐支限额。

按规定,企业可以在申请库存现金限额申请批准书内同时申请坐支,说明坐支的理由、用途和金额,报开户银行审查批准,也可以专门申请批准。

（2）单位之间不得相互借用现金。现金是流动性很强的资产,单位之间相互借用现金容易为不法分子创造贪污舞弊的机会,同时也违反现金限额管理制度,不利于开户银行对现金的监督与管理。

（3）单位不准利用银行存款账户代其他单位、个人存入或支取现金。

2.2.2　技能储备

会计工作离不开书写,出纳人员应具备基本的会计书写技能,能够正确规范地书写会计凭证、账簿、报表中的大小写数字及所代表的大小写金额。会计书写规范主要包括数字书写规范和金额书写规范。

1. 数字书写规范

数字书写规范

数字的书写是财经工作者的一项基本功,对出纳人员来说尤为重要。财经工作常用的数字有两种：一种是阿拉伯数字,另一种是中文大写数字。

1）阿拉伯数字书写规范

（1）阿拉伯数字要大小匀称,笔画流畅。一个一个地书写数字,独立有形,使人一目了然,不能连笔书写,特别是要连着写几个"0"时,一定要单个地写,不能将几个"0"连在一起一笔写完。数字的排列要整齐,数字之间的空隙应均匀,不宜过大。

（2）阿拉伯数字书写时应有一定的斜度,排列有序且字体要自右上方向左下方倾斜书写,倾斜角度的大小以笔顺书写方便、好看易认为准,不宜过大也不宜过小,一般可掌握在60°左右,即数字的中心线与底平线通常呈60°的夹角。

（3）阿拉伯数字书写还应有高度标准,一般要求数字的高度占横格高度的1/2（或2/3）为宜,书写时还要注意紧靠横格底线,以便需要更正时可以再次书写。

（4）阿拉伯数字书写时,笔画顺序是自上而下,先左后右,应避免写倒笔字。

（5）阿拉伯数字书写时,同行的相邻数字之间要空出半个阿拉伯数字的位置,但也不可预留间隔,空出位置的大小以不能增加数字为好。

（6）阿拉伯数字书写时,除"4""5"外的数字,必须一笔写成,不能人为地增加数字的笔画;"6"要比一般数字向右上方长出1/4,"7"和"9"字要向左下方（过底线）长出1/4。

（7）阿拉伯数字书写时,为了防止涂改,对有竖画数字的写法应有明显区别,如"6"的竖画应偏左,"4""7""9"的竖画应偏右,"1"应写在中间;对于易混淆且笔顺相近的数字,在书写时,尽可能地按标准字体书写,区分笔顺,避免混淆,以防涂改。例如,书写"1"时不可写得过短,要保持倾斜度,将格子占满,这样可防止改写为"4""6""7""9";书写"6"时要顶满格子,下圆要明显,以防止改写为"8";书写"7""9"时,落笔可延伸到底线下方;书写"6""8""9""0"时,圆必须封口。

会计工作中,阿拉伯数字书写示范如图2-14所示。

图 2-14　阿拉伯数字书写示范

小贴士

注意阿拉伯数字"2"的写法。为了防止"2"被改写成"3"，书写的时候一般要在拐角处画一个圈，与"3"的拐角处做区别。

2）中文大写数字书写规范

(1) 中文大写数字书写，要以正楷或行书字体书写，不得连笔书写。

(2) 中文大写数字书写，不允许使用未经国务院公布的简化字或谐音字。汉字大写数字一律用壹、贰、叁、肆、伍、陆、柒、捌、玖、拾、佰、仟、万、亿等，金额后应加元、角、分、零、整等，不得用 0、一、二（两）、三、四、五、六、七、八、九、十等小写汉字代替，不能任意自造简化字，不能用"毛"代替"角"，"另"代替"零"。

(3) 中文大写数字书写，字体要各自成形，大小匀称，排列整齐；字迹要工整、清晰。

2. 金额书写规范

通常将用阿拉伯数字表示的金额数字简称为小写金额，用中文大写数字表示的金额数字简称为大写金额。

金额书写规范

1）小写金额书写规范

(1) 没有位数分割线的凭证、账、表上的书写标准

① 阿拉伯数字前面应当书写货币币种符号或者货币名称简写，币种符号和阿拉伯数字之间不得留有空白。凡阿拉伯数字前写出币种符号的，数字后面不再写货币单位。

② 以"元"为单位的阿拉伯数字，除表示单价等情况外，一律写到角、分；没有角、分的，角位和分位可写"00"或者符号"—"；有角无分的，分位应当写"0"，不得用符号"—"代替。

③ 只有分位金额的，在元位和角位上各写一个"0"字并在元与角之间点一个小数点，如"￥0.06"。

④ 一个数的整数部分每三位要空出半个阿拉伯数字的位置，如"￥5 647 108.92"，也可以三位一节用分位号分开，如"￥5,647,108.92"。

(2) 有数位分割线的凭证、账、表上的书写标准

① 对应固定的位数填写，不得错位。

② 只有分位金额的，在元位和角位上均不得写"0"。

③ 只有角位或角位、分位金额的，在元位上不写"0"。

④ 分位是"0"的，在分位上写"0"，角位和分位都是"0"的，在角位和分位上各写一个"0"。

2）大写金额书写规范

① 大写金额要紧靠货币名称（如"人民币"三个字）书写，不得留有空白，如果大写数字

前未印有货币名称的,应自行加填。

② 大写金额到元为止的数字,在"元"后写"整"字;大写金额有角位和分位的,后面不写"整"字。例如,"¥12 000.00"应写为"人民币壹万贰仟元整","¥486.56"应写为"人民币肆佰捌拾陆元伍角陆分"。

③ 分位是"0"可不写"零分"字样,如"¥4.60"应写为"人民币肆元陆角"。

④ 阿拉伯金额数字中间有"0"的,大写金额要写"零"字。例如,"¥1 409.50"应写为"人民币壹仟肆佰零玖元伍角"。阿拉伯金额数字中间连续有几个"0"的,大写金额中可以只写一个"零"字,如"¥1 004.56"大写金额应写为"人民币壹仟零肆元伍角陆分"。

⑤ 阿拉伯金额数字元位是"0"的,或者数字中间连续有几个"0"的,元位也是"0",但角位不是"0"时,大写金额可以只写一个"零"字,也可以不写"零"字,如"¥1 680.32",大写金额应写为"人民币壹仟陆佰捌拾元零叁角贰分",或者写为"人民币壹仟陆佰捌拾元叁角贰分";又如"¥97 000.53"大写金额应写为"人民币玖万柒仟元零伍角叁分",或者写为"人民币玖万柒仟元伍角叁分"。

⑥ 阿拉伯金额数字角位是"0",而分位不是"0"时,汉字大写金额"元"后面应写"零"字,如"¥6 409.02"大写金额应写为"人民币陆仟肆佰零玖元零贰分","¥325.04"大写金额应写为"人民币叁佰贰拾伍元零肆分"。

⑦ 阿拉伯金额数字最高是"1"的,汉字大写金额加写"壹"字。例如,"¥15.80"大写金额应写为"人民币壹拾伍元捌角","¥135 800.00"大写金额应写为"人民币壹拾叁万伍仟捌佰元整"。

⑧ 在印有大写金额万、仟、佰、拾、元、角、分位置的凭证上书写大写金额时,金额前面如有空位,可画"×"注销,阿拉伯金额数字中间有几个"0"(含分位),汉字大写金额就是几个"零"字,如"¥100.50"大写金额应写为"人民币×万×仟壹佰零拾零元伍角零分"。

考考你

为什么小写金额前要加货币符号,大写金额要紧靠货币名称,且都不得留有空白?

2.2.3 实践训练

1. 现金收款业务

1) 业务描述

2023 年 5 月 6 日,海洋公司出纳孙胜收到门店交来的电器现金零售款 11 300 元。这笔现金收款业务应如何办理,出纳孙胜在该笔业务中的具体职责是什么?

2) 业务工作过程及岗位对照

图 2-15 为现金收款业务工作过程及岗位对照。

3) 业务操作流程

(1) 海洋公司收银员王一帆 5 月 6 日到财务处交零售款 11 300 元和 3 张销售小票(图 2-16～图 2-18)给出纳孙胜。

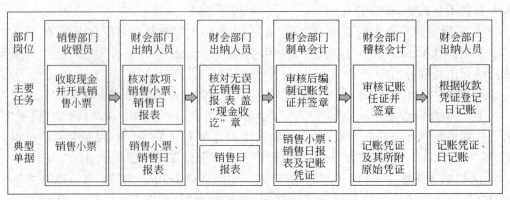

图 2-15　现金收款业务工作过程及岗位对照

海洋公司销售小票				NO.5385438		

2023 年 5 月 6 日

序号	商品编码	商品名称	数量/台	单价/元	金额/元
1	161121	滚筒洗衣机	1	5 650.00	5 650.00
支付方式	现金	银行卡	积分卡	赠券	折扣券
合计	人民币（大写）伍仟陆佰伍拾元整				

收银员：王一帆　　　　　　　　　　　　销售员：卜邵丽

图 2-16　海洋公司销售小票(1)

海洋公司销售小票				NO.5385439		

2023 年 5 月 6 日

序号	商品编码	商品名称	数量/台	单价/元	金额/元
1	161321	波轮洗衣机	1	3 390.00	3 390.00
支付方式	现金	银行卡	积分卡	赠券	折扣券
合计	人民币（大写）叁仟叁佰玖拾元整				

收银员：王一帆　　　　　　　　　　　　销售员：卜邵丽

图 2-17　海洋公司销售小票(2)

海洋公司销售小票 NO.5385440

2023 年 5 月 6 日

序号	商品编码	商品名称	数量/台	单价/元	金额/元
1	161516	半自动洗衣机	1	2 260.00	2 260.00

支付方式	现金	银行卡	积分卡	赠券	折扣券
合计	人民币（大写）贰仟贰佰陆拾元整				

收银员：王一帆　　　　　　　　　　　　　　销售员：卜邵丽

第二联记账联

图 2-18 海洋公司销售小票(3)

（2）出纳孙胜根据清点无误的现金,与收银员王一帆交的销售小票、进销存系统导出的经销售员复核和销售主管签字确认的销售日报表（见表 2-1）进行核对。

表 2-1 海洋公司销售日报表

2023 年 5 月 6 日　　　　　　　　　　　　　　　　　第 009 号

序号	商品编码	商品名称	规格型号	单位	数量	单价/元	金额/元	客户
1	161121	滚筒洗衣机	ax-001	台	1	5 650.00	5 650.00	个人
2	161321	波轮洗衣机	bh-031	台	1	3 390.00	3 390.00	个人
3	161516	半自动洗衣机	cl-025	台	1	2 260.00	2 260.00	个人
		合计					11 300.00	

销售主管：张艳芳　　　　　　　出纳：孙胜　　　　　　　复核：赵阳

（3）出纳孙胜核对无误后办理收款签章,并在销售日报表上加盖"现金收讫"章,如表 2-2 所示。

表 2-2 加盖现金收讫章的海洋公司销售日报表

2023 年 5 月 6 日　　　　　　　　　　　　　　　　　第 009 号

序号	商品编码	商品名称	规格型号	单位	数量	单价/元	金额/元	客户
1	161121	滚筒洗衣机	ax-001	台	1	5 650.00	5 650.00	个人
2	161321	波轮洗衣机	bh-031	台	1	3 390.00	3 390.00	个人
3	161516	半自动洗衣机	cl-025	台	1	2 260.00	2 260.00	个人
						现金收讫		
		合计					11 300.00	

销售主管：张艳芳　　　　　　　出纳：孙胜　　　　　　　复核：赵阳

（4）制单会计殷悦核对销售小票与销售日报表等相关项目内容，审核无误后据以编制收款凭证，如图 2-19 所示。

收款凭证

| 借方科目：**库存现金** | | | | | 2023 年 05 月 06 日 | | 收 字第 1 号 | | | | | | | | | | |
| | | | | | | | 附件4 | 张 | | | | | | | | |

对方单位	摘要	贷方科目		金额									记账符号
		总账科目	明细科目	千	百	十	万	千	百	十	元	角	分	
电器零售款		主营业务收入	洗衣机				1	0	0	0	0	0	0	☐
		应交税费	应交增值税（销项税额）					1	3	0	0	0	0	☐
														☐
														☐
														☐
银行结算方式及票号：			合计			¥	1	1	3	0	0	0	0	☐

会计主管　　　记账　　　稽核　　　出纳　　　制证 殷 悦

图 2-19　制单会计编制的收款凭证

（5）稽核会计赵阳审核记账凭证及所附原始凭证，并在审核栏签章，如图 2-20 所示。

（6）出纳孙胜对上述收款凭证审核后，在记账凭证出纳栏下加盖名章，如图 2-20 所示。

收款凭证

| 借方科目：**库存现金** | | | | | 2023 年 05 月 06 日 | | 收 字第 1 号 | | | | | | | | | | |
| | | | | | | | 附件4 | 张 | | | | | | | | |

对方单位	摘要	贷方科目		金额									记账符号
		总账科目	明细科目	千	百	十	万	千	百	十	元	角	分	
电器零售款		主营业务收入	洗衣机				1	0	0	0	0	0	0	☐
		应交税费	应交增值税（销项税额）					1	3	0	0	0	0	☐
														☐
														☐
														☐
银行结算方式及票号：			合计			¥	1	1	3	0	0	0	0	☐

会计主管　　　记账　　　稽核 赵 阳　　　出纳 孙 胜　　　制证 殷 悦

图 2-20　经稽核会计及出纳审核的收款凭证

（7）出纳孙胜根据收款凭证逐日逐笔登记库存现金日记账，并将收款凭证交由会计人员登记总账和相关明细账。

（8）出纳孙胜每日终了结出库存现金日记账余额，并与现金的实有数额相核对，保证账实相符。

2. 现金报销业务

1）业务描述

2023 年 5 月 7 日，海洋公司销售业务员王超前往财务处报销业务招待费 169.95 元，销售主管为王健。出纳孙胜以现金支付。这笔报销业务

现金报销业务

应如何办理,出纳孙胜在该笔业务中的具体职责是什么?

2) 业务工作过程及岗位对照

图 2-21 为现金报销业务工作过程及岗位对照。

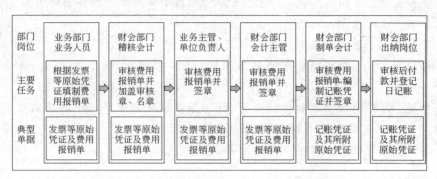

图 2-21 现金报销业务工作过程及岗位对照

3) 业务操作流程

(1) 报销人员王超根据原始凭证(餐饮费增值税普通发票如图 2-22 所示)填制费用报销审批单,如图 2-23 所示。

图 2-22 餐饮费增值税普通发票

费用报销审批单

部门:	销售部门	2023 年5	月7	日	
经手人	王超	事由	业务招待费		
项目		金额	付款方式		备注
餐饮费		169.95	现金		附餐饮发票1张
合计		¥ 169.95	人民币(大写)壹佰陆拾玖元玖角伍分		
公司领导审批意见	财务主管	部门领导		出纳	经手人
					王超

图 2-23 销售员王超填制的费用报销审批单

知识延伸

费用报销审批单的填写注意事项

（1）填报日期：写明填写报销单当天的日期，用小写阿拉伯数字填写即可。

（2）姓名：填写报销人的姓名。

（3）所属部门：填写报销人所在的部门。

（4）报销事由：写明报销费用的具体原因，如水电费、广告费、办公费、差旅费、业务招待费等。

（5）金额：包括明细金额和合计金额，明细金额按对应项目以小写金额规范填写，合计金额按照明细项目的合计金额填写，应包含大小写。

（6）备注：填写报销审批单上所附发票张数。

（2）王超持填制好的费用报销审批单至财务处，交由稽核会计赵阳进行审核。稽核会计应审核所附原始凭证的真实性、完整性、正确性，特别要按照本企业费用开支财务制度的规定，对各项费用是否应采用现金支付、支付金额是否符合规定等进行审核，并在审核后在费用报销审批单上加盖"审核专用章"及稽核会计名章。

（3）由报销人员所在部门负责人王健审核，主要就费用的真实性、合理性进行审核，如该笔费用是否经过审批或者是否为企业经营活动必需的费用开支，其金额是否合理，有无超过正常金额范围等。审核后，业务部门负责人应在原始凭证上签章。

小贴士

部门领导审核程序适用于大多数企业，但规模较小的企业也可直接交由单位负责人进行审核。

（4）由单位负责人或总会计师等授权人员对上述票据再次进行审核并签章。

（5）会计主管刘毅再次就凭证的真实、合法、完整、正确性进行审核并签章（图2-24）后交由制单会计编制付款凭证。

费用报销审批单

部门：　销售部门　　　　　　　2023　年5　月7　日

经手人	王超		事由	业务招待费	
项目			金额	付款方式	备注
餐饮费			169.95	现金	附餐饮发票1张
					审核专用章
合计			￥169.95	人民币（大写）壹佰陆拾玖元玖角伍分	
公司领导审批意见	财务主管		部门领导	出纳	经手人
周正	刘毅		王健	孙胜	王超

图2-24　审核完毕的费用报销审批单

（6）制单会计殷悦编制上述业务的现金付款凭证并签章，如图2-25所示。

（7）稽核会计赵阳审核记账凭证和原始凭证后，在凭证上签章。

（8）出纳孙胜再次审核上述会计凭证后在费用报销审批单上加盖"现金付讫"章（见

图 2-25　制单会计编制的付款凭证

图 2-26），并支付现金；出纳人员付款时应明确收款人，严格按合同、发票或有关依据记载的收款人进行付款，对于代为收款的，应当在出具原收款人证明材料并与原收款人核实后，方可办理付款手续。出纳人员应明确付款用途，对于不合法、不合理的付款应当坚决予以抵制，并向有关领导汇报，用途不明的，出纳人员可以拒付。

费用报销审批单

部门：	销售部门		2023	年5	月7	日	
经手人	王超		事由		业务招待费		
项目			金额	付款方式		备注	
餐饮费			169.95	现金		附餐饮发票1张	
				现金付讫			
					审核专用章		
合计			￥169.95	人民币（大写）壹佰陆拾玖元玖角伍分			
公司领导审批意见	财务主管		部门领导	出纳		经手人	
周正	刘毅		王健	孙胜		王超	

图 2-26　加盖现金付讫章的费用报销审批单

　　（9）出纳孙胜在付款凭证出纳栏内加盖名章（见图 2-27），并根据付款凭证逐日逐笔登记库存现金日记账，并将付款凭证及其所附原始凭证交由会计人员据以整理会计凭证、登记总账和相关明细账。

图 2-27　经稽核会计及出纳审核的付款凭证

（10）出纳孙胜每日终了结出库存现金日记账余额，并与现金的实有数额相核对，保证账实相符。

2.3 现金往来业务

 思维导图

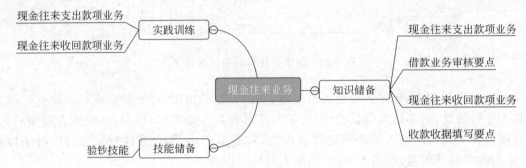

2.3.1 知识储备

1. 现金往来支出款项业务

现金往来支出款项业务，包括支付借款、应付款、押金等。单位在用现金支付往来款项时，应由经办人员取得支付款项的收据和其他原始凭证，其业务办理需由会计人员和出纳人员配合完成。

出纳人员收到借款人的借款单，应根据公司的借款制度，审核借款单是否填写规范、完整，审批手续是否完整，具体如下。

（1）借款日期：是否写明借款当天的日期。

（2）借款部门：是否写明借款人所在的部门名称。

（3）借款姓名：是否填写借款人的姓名。

（4）借款事由：是否填写清楚借款的理由，如出差预支款等。

（5）借款金额：是否填写清楚借款的金额，金额大小是否一致。

（6）审批签字：是否经过相关领导审批，是否符合单位报销审批制度。

2. 借款业务审核要点

借款时，一般由借款人填写借款单，并按企事业单位规定办理相关的审核审批手续，然后交由出纳付款。借款人必须把借款单的填写要素填写完整并办理好审批手续，然后将借款单（见图 2-28）提交给出纳付款。

3. 现金往来收回款项业务

现金往来收回款项业务包括收回本单位职工借款、收回预借差旅费账款、收回外单位应收款等，单位在收回往来款项时应向交款单位或个人开具收据，其业务办理需由会计人员和

借款单

年　　　　月　　　　日

资金性质：

部门：		借款人：	
借款理由：			
金额：	大写：		小写：¥
领导批示：		财务主管：	
部门主管：	出纳：	领款人签收：	

图 2-28　借款单

出纳人员配合完成。

单位在办理相关款项收入业务时，必须先由会计人员根据收款金额开具收据并编制收款凭证，再由出纳人员根据收款凭证上所示金额进行收款并交付收据。

4. 收款收据填写要点

收款收据（图 2-29）在出纳现金收款往来业务中经常用到，因此准确开具收据也是出纳人员必备技能之一。收款收据填写的要素如下。

（1）日期：填写收款当天的日期，使用小写日期填写。

（2）付款方：在"今收到"后面的横线处填写交款人或交款单位名称。

（3）项目：在"系付"后面的横线处填写收取款项的事由和原因。

（4）金额：填写收款的实际金额，使用大小写填写。

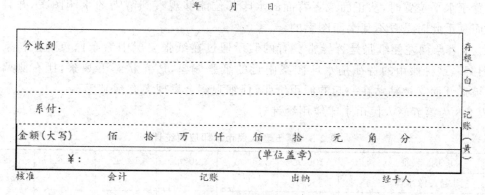

图 2-29　收款收据

考考你

单位在办理相关款项收入业务时，如果先由出纳人员根据收款金额开具收据，再交由会计人员编制凭证，可能会出现什么问题？

2.3.2 技能储备

验钞技能

验钞技能

验钞可以通过验钞机进行，也可以通过钞币的防伪特点进行。下面介绍识别假钞的几种方法。

1）看币识别

（1）看裁切和粘贴痕迹

为什么要留心票面上的裁切和粘贴痕迹呢？因为这是拼凑假币的典型特征。不法分子将假币和真币分别裁切、分割后又相互拼贴在一起，这样就会使假币也具有了一部分真币的票面特征，如果在鉴别时只检查了真币票面部分，就很容易造成误收。

当遇到这类可疑币时应该如何鉴别呢？首先，可以根据裁切和粘贴痕迹将票面划分为若干个相对完整的区域，接着分别检查每个区域中的防伪特征，以此推断出其是否由真假票面粘贴而成。

（2）检查水印

水印是经典、传统的纸币防伪技术。虽然被称为水印，但它不是印在钞票上的。在造纸过程中，复杂的设备和工艺使纸张纤维的分布产生特定变化，纤维分布密集的部位透光性较弱，看起来颜色较深；纤维分布稀疏的部位透光性强，看起来颜色较浅。这种透光性差异就形成了水印图案。因此，水印是内含在纸张中的，是钞票纸张的组成部分，与纸张融为一体。看似简单的水印图案，其实需要大型、精密的工业设备才能生产出来，其技术复杂，成本高昂，造假犯罪团伙很难制造出真正的水印图案。检查水印的具体步骤如下。

① 面对光源，在透光条件下观察水印图案。此时，真币上的水印图案具有很强的立体感，人物神态栩栩如生；而假币上的水印图案则显得较为平淡，人物表情较为呆板。

② 面对光源，将钞票置于水平位置，在不透光条件下观察水印部位的票面。有的假币通过在钞票的正、背面使用无色或淡色油墨印刷水印图案来伪造水印效果，这种假币在面对光源、置于水平位置时，从正面或者背面的水印部位能够观察到清晰的水印图案，并且颜色较深，而真币此时是看不到水印图案的。

③ 检查票面左侧纸张是否异常。有的假币通过在纸张夹层中涂布白色的浆料来模拟水印图案。这种假币的特征是水印图案附近的纸张偏厚，透光状态下观察，比右侧票面偏暗，且被揭开而又被粘贴在一起的假币纸张，仔细观察会发现多有褶皱感。

表 2-3 为第五套人民币水印应用统计。

表 2-3　第五套人民币水印应用统计

防 伪 特 征	100元	50元	20元	10元	5元	1元
固定人像水印	√	√	×	×	×	×
固定花卉水印	×	×	√	√	√	√

说明：表中"√"表示有水印，"×"表示无水印。

（3）检查会变色的面额数字

第五套人民币 100 元和 50 元正面左下方的面额数字，采用了专用的光变油墨并以凹版印刷工艺印制而成。这种油墨是现代防伪油墨中较为复杂的一种，具有珠光和金属效应，彩色复印机和电子复印机都不可能复制出来。其特点是在光线照射时,从不同的角度观察,会看到截然不同的颜色。这种印刷特征是其他任何油墨和印刷方式无法仿制的。

在检查时,可将纸币的票面置于与视线垂直的位置,观察票面正面左下方的面额数字,此时 100 元面额数字的颜色是绿色,50 元面额数字的颜色是金黄色;然后将票面慢慢地倾斜,当票面倾斜到一定角度时,100 元面额数字的颜色变成蓝色,而 50 元面额数字的颜色则变为绿色。

在目前发现的假币中,也存在企图伪造光变油墨防伪效果的情况,其伪造方法是在普通油墨中掺入珠光粉,在转动钞票时,随着观察视角的变化会呈现一定的闪光特征。这种假币比较容易识别,因为这种闪光效果仅仅模拟了真币光变油墨面额数字的金属质感,但不会产生和真币一致的颜色变化。

表 2-4 为第五套人民币光变油墨面额数字应用统计。

表 2-4　第五套人民币光变油墨面额数字应用统计

防伪特征	100 元	50 元	20 元	10 元	5 元	1 元
光变油墨面额数字	√	√	×	×	×	×

说明:表中"√"表示有光变油墨面额数字,"×"表示无光变油墨面额数字。

（4）检查对印图案

阴阳互补对印图案应用于 1999 年版第五套人民币的 100 元、50 元、10 元纸币和 2005 年版的 100 元、50 元、20 元、10 元纸币。在这些纸币的正面左侧和背面右侧,都印有一个圆形的局部图案,当透过光线观察时,这两幅图案会精确重合在一起,组成一个完整的古钱币图案。上述图案采用对印技术印制而成。对印技术是非常有效的防伪技术,也是印钞专用机具的一项特殊功能,一次进纸,正背面同时印刷,因而能制作出精准重合的对印图案。

鉴别第五套人民币对印图案的正确方法是:面对光源透光观察,看正、背面两幅图案是否能够精确地对接;若为假币,则正、背面的两幅图案会出现错位现象。

表 2-5 为第五套人民币对印图案应用统计。

表 2-5　第五套人民币对印图案应用统计

防伪特征	100 元		50 元		20 元		10 元		5 元		1 元
	1999年版	2005年版	1999年版	2005年版	1999年版	2005年版	1999年版	2005年版	1999年版	2005年版	1999年版
对印图案	√	√	√	√	×	√	√	√	×	×	×

说明:表中"√"表示有对印图案,"×"表示无对印图案。

（5）检查隐形文字

第五套人民币各面额票面的正面右上方都有一个装饰图案。当从垂直方向观察票面时,看不到其中隐藏的内容,而将票面翻转至一定角度时,这张钞票的面额数字就会显现出来。

这些隐形图案是由一组组凸起于纸面、相互平行的线条组成的,正是基于这些凸起的墨纹所产生的折光现象,才实现了隐形效果。隐形面额数字是以雕刻凹印技术为基础,其他商业复制技术和现代数字化复制技术均无法复制这种效果,具有防复制、专有、易识别的特点,具有很好的防伪作用。20 世纪 90 年代以来,绝大多数国家进行货币改版、换版时,都选择了这一防伪措施。检查隐形文字的方法如下。

① 垂直方向观察隐形面额数字。此时应该看不见面额数字，若发现此时面额数字已经显现出来，则极有可能是造假者用无色或淡色油墨伪造的。

② 变换角度观察隐形面额数字。第五套人民币1999年版和2005年版的隐形面额数字在观测方法上略有不同。如果是1999年版第五套人民币，可以将票面置于与眼睛接近平行的位置，面对光源水平旋转45°或90°，此时会出现这张钞票的面额数字；而如果是2005年版的第五套人民币，只需将票面置于与眼睛接近平行的位置，面对光源做上下倾斜晃动就可以观察到。

表2-6为第五套人民币隐形面额数字应用统计。

表 2-6　第五套人民币隐形面额数字应用统计

防伪特征	100元	50元	20元	10元	5元	1元
隐形面额数字	√	√	√	√	√	√

说明：表中"√"表示有隐形面额数字。

2）摸币识别

摸币识别即触摸凹印图案。雕刻凹版印刷技术与传统胶印技术有很大区别。印刷前，油墨被保存在金属印版的凹槽中，在印制时通过巨大的压力将油墨转移到纸张上，此时一部分油墨渗透进纸张，另一部分油墨则堆积在纸面上。雕刻凹印的特点是印刷精细，具有明显凸起的手感和独特的三维效果，看得见，摸得着，公众识别性强；雕刻凹印采用的印版、油墨、印刷工艺、设备等十分复杂，投资巨大，成本昂贵。印钞行业素来有"无凹不成钞"的说法，雕刻凹印属于当前最有效的防伪技术之一。检查凹印图案的方法如下。

（1）用手指触摸的方式检查图案触感。第五套人民币正面头像、面额数字、中国人民银行行名、国徽、盲文符号、凹印手感线以及背面主景，油墨均高出纸面，用手指触摸时会感觉到很强的凹凸感；而假钞采用普通胶印技术印刷，触摸时感觉票面光滑。

（2）面对光源将票面置于水平位置，检查凹印图案的正、背面是否有伪造痕迹。有的造假者为了模拟真钞的凹凸手感，在假钞的正面或背面用工具压出凹痕，企图以假乱真，当鉴别这类假钞时，如果仅靠用手指触摸来分辨，极易产生误判。这时可以选择面对光源（包括太阳光）的方向，将票面置于水平位置，仔细观察其正、背面是否有机械或硬质工具挤压的痕迹。

表2-7为第五套人民币雕刻凹版印刷图案应用统计。

表 2-7　第五套人民币雕刻凹版印刷图案应用统计

防伪特征	100元	50元	20元	10元	5元	1元
雕刻凹版印刷图案	√	√	√	√	√	√

说明：表中"√"表示有雕刻凹版印刷图案。

3）抖币识别

抖币识别，即抖动钞票使其发出声响，根据声音来分辨人民币真伪。人民币的纸张具有挺括、耐折、不易撕裂的特点。手持钞票用力抖动、手指轻弹或两手一张一弛轻轻对称拉动，能听到清脆响亮的声音。而假币纸张绵软、韧性差、易断裂，抖动时声音发闷。

4）测币识别

测币识别，即借助一些简单的工具和专用的仪器来分辨人民币真伪。例如，借助放大镜可以观察票面线条清晰度、胶印和凹印的缩微文字等;用紫外灯光照射票面,可以观察钞票纸张和油墨的荧光反映;用磁性检测仪可以检测黑色横号码的磁性。

　　5)机器识别

　　出纳人员直接接触现金较为频繁,而目前制造伪钞的技术越来越高,人工鉴别现钞的真伪确实很难。为使出纳人员的工作风险降到最低,保证现金的安全、完整,达到分毫不差的工作质量要求,单位可使用多功能防伪点钞机。多功能防伪点钞机由磁性检伪、紫光检伪、数码综合检伪组成三重检测,并全面兼容新、旧版人民币,适用于银行、商场、宾馆及单位对人民币、外币或各种有价证券进行自动鉴伪和点钞。它的鉴伪灵敏度和快速点钞功能是人工操作所不及的。

　　多功能防伪点钞机的使用方法也较为简便,一般若清点20元、50元、100元面值的人民币,应在接通磁检开关预热2~3分钟后进行,才可使判伪准确度更高;但若清点1元、5元、10元面值的人民币,磁检开关必须切断。在清点过程中,发现假币时,机器自动停止,并发出"嘀嘀"的报警信号,同时显示器指示该假钞票所在张数位置。取出伪钞,按复位键,报警声音即消除,机器继续正常工作。多功能防伪点钞机还具有双显示屏功能,当营业人员在清点现钞时,外显示屏可供客户同时监视。

知识延伸

多功能防伪点钞机

　　多功能防伪点钞机(图2-30)集点计数和辨伪钞票功能于一体,使用方便快捷,既可用于清点现金数额,又可用于辨别伪钞,是出纳人员必备的机具。

图2-30　多功能防伪点钞机

2.3.3　实践训练

1. 现金往来支出款项业务

1)业务描述

　　2023年5月13日,海洋公司采购部门采购业务员刘立辉因出差预借差旅费2 000元,出纳孙胜以现金支付。这笔现金往来支出款项业务应如何办理,出纳孙胜在该笔业务中的具体职责是什么?

　　2)业务工作过程及岗位对照

　　图2-31为现金往来支出款项业务工作过程及岗位对照。

　　3)业务操作流程

　　(1)采购业务员刘立辉到财务部领取并填制借款单。

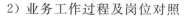
现金往来支出
款项业务

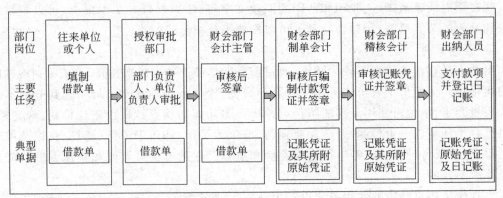

图 2-31　现金往来支出款项业务工作过程及岗位对照

（2）部门领导赵辉、单位负责人周正审核批准后签章。

（3）会计主管刘毅审核批准后签章，如图 2-32 所示。

借款单

2023　　　年 05　　月 13　　　日

资金性质：

部门：	采购部门		借款人：	刘立辉
借款理由：	预借差旅费			
金额：	大写：人民币贰仟元整		小写：￥2 000.00	
领导批示：	周正		财务主管：	刘毅
部门主管：　赵辉		出纳：	领款人签收	

图 2-32　经各部门审核后的借款单

（4）制单会计殷悦审核后编制现金付款凭证。

（5）稽核会计赵阳审核付款凭证后签章，并交由出纳孙胜准备付款，如图 2-33 所示。

付款凭证

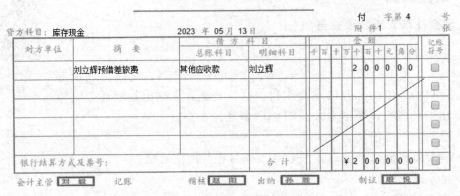

图 2-33　经审核后的付款凭证

（6）出纳孙胜在审核后在借款单上加盖"现金付讫"章，如图 2-34 所示。

借款单

2023　　　年 05　　　月 13　　　日

资金性质：

部门：	采购部门	借款人：	刘立辉
借款理由：	预借差旅费		
金额：	大写：人民币贰仟元整	小写：￥2 000.00	
领导批示：	周正	财务主管：	刘毅
部门主管：赵辉	出纳：孙胜	领款人签收：	刘立辉

（现金付讫）

图 2-34　加盖"现金付讫"章的借款单

（7）出纳孙胜支付现金。

 小贴士

出纳人员付款时应明确收款人，严格按有关依据记载对收款人进行付款，对于不合法、不合理的付款应当坚决予以抵制，并向有关领导汇报，用途不明的，出纳人员可以拒付。

（8）出纳孙胜在付款凭证上加盖名章（图 2-34），并根据付款凭证逐日逐笔登记库存现金日记账，然后将付款凭证交由相关会计人员据以登记总账和相关明细账。

（9）出纳孙胜每日终了结出库存现金日记账余额，并与现金的实有数额相核对，保证账实相符。

2. 现金往来收回款项业务

1）业务描述

2023 年 5 月 20 日，办公室文员刘诺收到了崂山矿泉水公司归还的水桶押金 500 元，当日刘诺即去财务部办理了还款。这笔现金往来收回款项业务应如何办理，出纳孙胜在该笔业务中的具体职责是什么？

现金往来收
回款项业务

2）业务工作过程及岗位对照

图 2-35 为现金往来收回款项业务工作过程及岗位对照。

3）业务操作流程

（1）办公室文员刘诺到财务处要求办理崂山矿泉水公司水桶押金还款。

（2）稽核会计赵阳核对职工还款金额并开具收据。

（3）制单会计殷悦审核后在收据上加盖财务专用章（图 2-36）并编制现金收款凭证。

（4）稽核会计赵阳审核现金收款凭证，在审核栏签章后交由出纳孙胜办理收款，如图 2-37 所示。

（5）出纳孙胜对原始凭证和记账凭证进行再次审核。

（6）出纳孙胜收取款项，由出纳孙胜、经手人刘诺签章后交付收据，如图 2-38 所示。

（7）出纳孙胜在收款收据记账联上加盖"现金收讫"章，如图 2-38 所示。

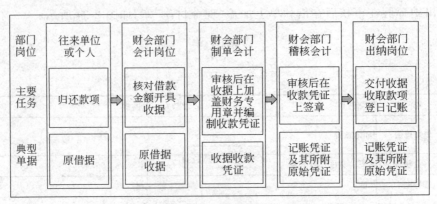

图 2-35　现金往来收回款项业务工作过程及岗位对照

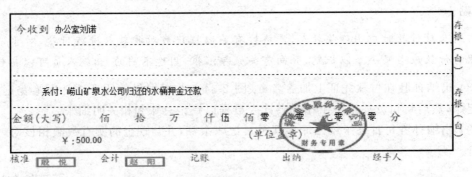

图 2-36　加盖财务专用章的收款收据

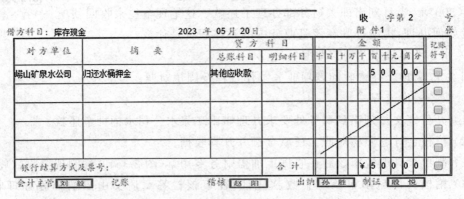

图 2-37　经审核后的现金收款凭证

（8）出纳孙胜对上述收款凭证审核后加盖名章，并根据收款凭证逐日逐笔登记库存现金日记账，并将收款凭证、收据记账联交由会计人员据以整理会计凭证、登记总账和相关明

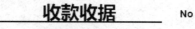

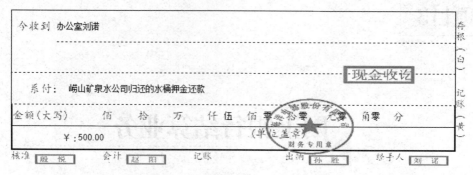

图 2-38　加盖现金收讫章的收款收据

细账。

（9）出纳孙胜每日终了结出库存现金日记账余额,并与现金的实有数额相核对,保证账实相符。

库存现金结算业务
课后题

项目3

网上银行结算业务

学习目标

知识目标

1. 掌握银行结算账户的基础知识。

2. 了解银行结算账户的管理。

技能目标

1. 能够办理企业网上银行开通业务。

2. 能够进行企业网上银行的安装、登录和初始化设置。

3. 熟练操作网上银行转账业务。

素质目标

1. 增强法律意识,培养知法、懂法、用法的职业品质。

2. 培养爱岗敬业、提高技能的会计职业道德。

3. 培养保密守信的职业精神。

重点与难点

重点

网上银行转账业务操作。

难点

各银行结算账户的开立和使用。

项目引例

2023年5月25日,海洋公司采购部采购业务员徐颖持购销合同复印件等材料到财务部,要求通过网上转账给青岛洋海公司预付货款 300 000 元。

　　这是一笔网上银行转账结算业务,通过本项目的学习,可熟练掌握网上银行转账结算业务的办理。

 ## 思维导图

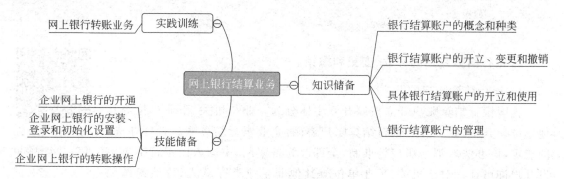

3.1.1 知识储备

1. 银行结算账户的概念和种类

银行结算账户的
概念和种类

　　银行结算账户是指银行为存款人开立的办理资金收付结算的活期存款账户。银行结算账户按存款人不同分为单位银行结算账户和个人银行结算账户。单位银行结算账户按用途分为基本存款账户、一般存款账户、专用存款账户和临时存款账户。具体银行结算账户的开立和使用后文会详细介绍。

知识延伸

预算单位零余额账户

　　1. 预算单位零余额账户的概念和性质

　　预算单位零余额账户是财政部门为实行财政国库集中支付的预算单位在商业银行开设的零余额账户,按基本存款账户或专用存款账户管理。

　　预算单位未开立基本存款账户,或者原基本存款账户在国库集中支付改革后已按照财政部门的要求撤销的,经同级财政部门批准,预算单位零余额账户作为基本存款账户管理。除上述情况外,预算单位零余额账户作为专用存款账户管理。

　　2. 预算单位零余额账户的开立

　　预算单位使用财政性资金,应当按照规定的程序和要求,向财政部门提出设立零余额账户的申请,财政部门同意预算单位开设零余额账户后通知代理银行。

　　代理银行根据《人民币银行结算账户管理办法》的规定,具体办理开设预算单位零余额账户业务,并将所开账户的开户银行名称、账号等详细情况书面报告财政部门和中国人民银行,并由财政部门通知一级预算单位。

　　预算单位根据财政部门的开户通知,具体办理预留印鉴手续。印鉴卡内容如有变动,预算单位应及时通过一级预算单位向财政部门提出变更申请,办理印鉴卡更换手续。

　　一个基层预算单位只能开设一个零余额账户。

3. 预算单位零余额账户的使用

预算单位零余额账户用于财政授权支付，可以办理转账、提取现金等结算业务，可以向本单位按账户管理规定保留的相应账户划拨工会经费、住房公积金及提租补贴，以及财政部门批准的特殊款项，不得违反规定向本单位其他账户和上级主管单位及所属下级单位账户划拨资金。

2. 银行结算账户的开立、变更和撤销

1）银行结算账户的开立

银行结算账户的
开立、变更和撤销

我国银行结算账户开立按照开立主体分为企业与机关、事业单位等其他单位。其中，企业开立银行结算账户遵循《企业银行结算账户管理办法》的规定，该办法取消了账户核准制，全部改为备案制，中国人民银行不再核发开户许可证。对于机关、事业单位等其他非企业类存款人，依然遵循现行的银行结算账户管理制度执行，特定银行结算账户的开立依然须经中国人民银行核准。图 3-1 为不同开户主体的开户制度对比。

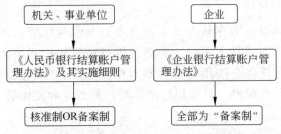

图 3-1　不同开户主体的开户制度对比

> **小贴士**
>
> 《企业银行结算账户管理办法》中所称的"企业"包括境内依法设立的企业法人、非法人企业、个体工商户。

（1）企业类存款人的开户程序

① 银行完成企业基本存款账户信息备案后，账户管理系统生成基本存款账户编号，代替原基本存款账户核准号使用。

② 银行应打印基本存款账户信息和存款人查询密码，并交付企业。持有基本存款账户编号的企业申请开立一般存款账户、专用存款账户、临时存款账户时，应向银行提供基本存款账户编号。

（2）企业申请开立基本账户的银行核实程序

银行应向企业法定代表人或单位负责人核实企业开户意愿，并留存相关工作记录。核实开户意愿，可采取面对面、视频等方式，具体方式由银行根据客户风险程度选择。

> **小贴士**
>
> 企业银行结算账户，自开立之日起即可办理收付款业务。

2）银行结算账户的变更

（1）企业名称、法定代表人或单位负责人发生变更

银行应及时通知企业办理变更手续；企业自通知送达之日起在合理期限内仍未办理变更手续，且未提出合理理由的，银行有权采取措施适当控制账户交易。账户管理系统重新生成新的基本存款账户编号，银行应当打印基本存款账户信息并交付企业。

（2）营业执照或相关人员身份证件到期

企业营业执照、法定代表人或者单位负责人有效身份证件列明有效期限的，银行应于到期日前提示企业及时更新，有效期到期后，在合理期限内企业仍未更新，且未提出合理理由的，银行应按规定中止其业务办理。

对因企业办理变更手续收回的企业开户许可证原件，不再换发新的开户许可证。

3）银行结算账户的撤销

（1）账户撤销的法定情形

银行结算账户撤销有以下情形：被撤并、解散、宣告破产或关闭的；注销、被吊销营业执照的；因迁址需要变更开户银行的；其他原因需要撤销银行结算账户的。

（2）撤销账户的顺序

撤销银行结算账户时，应先撤销一般存款账户、专用存款账户、临时存款账户，将账户资金转入基本存款账户后，方可办理基本存款账户的撤销。

（3）对应撤销而未办理销户手续单位银行结算账户的处置

银行通知单位自发出通知之日起 30 日内办理销户手续，逾期视同自愿销户。撤销后的资金列入久悬未取专户管理。

小贴士

存款人尚未清偿其开户银行债务的，不得申请撤销该银行结算账户。

3. 具体银行结算账户的开立和使用

1）基本存款账户

（1）基本存款账户的概念

基本存款账户是存款人因办理日常转账结算和现金收付需要开立的银行结算账户。

具体银行结算账户
的开立和使用

下列存款人可以申请开立基本存款账户：企业法人；非法人企业；机关、事业单位；团级（含）以上军队、武警部队及分散执勤的支（分）队；社会团体；民办非企业组织；异地常设机构；外国驻华机构；个体工商户；居民委员会、村民委员会、社区委员会；单位设立的独立核算的附属机构，包括食堂、招待所、幼儿园；其他组织，即按照现行的法律、行政法规规定可以成立的组织，如业主委员会、村民小组等组织。

（2）基本存款账户的开户证明文件

① 企业法人，应出具企业法人营业执照正本。

② 非法人企业，应出具企业营业执照正本。

③ 机关和实行预算管理的事业单位，应出具政府人事部门或编制委员会的批文或登记证书和财政部门同意其开户的证明，因年代久远、批文丢失等原因无法提供政府人事

部门或编制委员会的批文或登记证书的,凭上级单位或主管部门出具的证明及财政部门同意其开户的证明开立基本存款账户。机关和实行预算管理的事业单位出具的政府人事部门或编制委员会的批文或登记证书上,有两个或两个以上名称的,可以分别开立基本存款账户。非预算管理的事业单位,应出具政府人事部门或编制委员会的批文或登记证书。

④ 军队、武警团级(含)以上单位以及有关边防、分散执勤的支(分)队,应出具军队军级以上单位财务部门、武警总队财务部门的开户证明。

⑤ 社会团体,应出具社会团体登记证书,宗教组织还应出具宗教事务管理部门的批文或证明。

⑥ 民办非企业组织,应出具民办非企业登记证书。

⑦ 外地常设机构,应出具其驻在地政府主管部门的批文。对于已经取消对外地常设机构审批的省(市),应出具派出地政府部门的证明文件。

⑧ 外国驻华机构,应出具国家有关主管部门的批文或证明;外资企业驻华代表处、办事处,应出具国家登记机关颁发的登记证。

⑨ 个体工商户,应出具个体工商户营业执照正本。

⑩ 居民委员会、村民委员会、社区委员会,应出具其主管部门的批文或证明。

⑪ 单位附属独立核算的食堂、招待所、幼儿园,应出具其主管部门的基本存款账户开户许可证和批文。

⑫ 按照现行法律法规规定可以成立的业主委员会、村民小组等组织,应出具政府主管部门的批文或证明。

(3) 基本存款账户的使用

基本存款账户是存款人的主办账户,一个单位只能开立一个基本存款账户。存款人日常经营活动的资金收付及其工资、奖金和现金的支取,应通过基本存款账户办理。

【例 3-1】 某公司刚成立,主营农用化肥生产。受公司法定代表人张某的授权,公司财务人员王某携带相关开户证明文件到 P 银行办理基本存款账户开户手续。请问王某的开户证明文件应包括哪些?应办理哪些开户手续?

【解析】 根据账户管理规定,该公司开立基本存款账户,至少需要提供以下开户证明文件:工商部门颁发的营业执照正本,法定代表人张某的授权书,法定代表人张某和财务人员王某各自的身份证件。

王某需要办理以下手续:填写开立单位银行结算账户申请书,同时附上述证明文件提交 P 银行;P 银行对王某提供的账户资料的真实性、完整性和合规性审查无误后,与该公司签订账户管理协议,明确双方的权利和义务;根据 P 银行的要求,王某还需要提供公司的预留印鉴式样,P 银行据此建立该公司的预留印鉴卡,同时留存上述开户证明文件的复印件,建立该公司的账户资料档案。

2) 一般存款账户

(1) 一般存款账户的概念

一般存款账户是存款人因借款或其他结算需要,在基本存款账户开户银行以外的银行营业机构开立的银行结算账户。

（2）一般存款账户的开户证明文件

存款人申请开立一般存款账户,应向银行出具其开立基本存款账户规定的证明文件,包括基本存款账户开户许可证或企业基本存款账户编号和下列证明文件:①存款人因向银行借款需要,应出具借款合同;②存款人因其他结算需要,应出具有关证明。

（3）一般存款账户的使用

一般存款账户用于办理存款人借款转存、借款归还和其他结算的资金收付。一般存款账户可以办理现金缴存,但不得办理现金支取。

【例3-2】 某房地产开发公司在X开户银行开有基本存款账户。2023年7月2日,该公司因贷款需要又在Y银行开立了一般存款账户。同日,该公司财务人员签发了一张现金支票,并向Y银行提示付款,要求提取现金3万元。Y银行工作人员对支票审查后,拒绝为该公司办理现金支取业务。请分析Y银行工作人员的做法是否正确。

【解析】 一般存款账户是因借款转存、借款归还和其他结算需要开立的银行结算账户。本例中,该公司在Y银行开立了一个一般存款账户。按照我国现行账户管理规定,该一般存款账户可以办理现金缴存,但不得办理现金支取。Y银行工作人员严格执行账户管理规定,不予办理现金支取的做法是正确的。

3）专用存款账户

（1）专用存款账户的概念

专用存款账户是存款人按照法律、行政法规和规章,对其特定用途资金进行专项管理和使用而开立的银行结算账户。

（2）专用存款账户的适用范围

专用存款账户适用于对下列资金的管理和使用:基本建设资金;更新改造资金;粮、棉、油收购资金;证券交易结算资金;期货交易保证金;信托基金;政策性房地产开发资金;单位银行卡备用金;住房基金;社会保障基金;收入汇缴资金和业务支出资金;党、团、工会设在单位的组织机构经费;其他按规定需要专项管理和使用的资金。

（3）专用存款账户的开户证明文件

存款人申请开立专用存款账户,应向银行出具其开立基本存款账户规定的证明文件、基本存款账户开户许可证或企业基本存款账户编号和下列证明文件。

① 基本建设资金、更新改造资金、政策性房地产开发资金、住房基金、社会保障基金,应出具主管部门批文。

② 粮、棉、油收购资金,应出具主管部门批文。

③ 单位银行卡备用金,应按照中国人民银行批准的银行卡章程的规定出具有关证明和资料。

④ 证券交易结算资金,应出具证券公司或证券管理部门的证明。

⑤ 期货交易保证金,应出具期货公司或期货管理部门的证明。

⑥ 收入汇缴资金和业务支出资金,应出具基本存款账户存款人有关的证明。

⑦ 党、团、工会设在单位的组织机构经费,应出具该单位或有关部门的批文或证明。

⑧ 其他按规定需要专项管理和使用的资金,应出具有关法规、规章或政府部门的有关

文件。

对于合格境外机构投资者在境内从事证券投资开立的人民币特殊账户和人民币结算资金账户，均纳入专用存款账户管理。其开立人民币特殊账户时应出具国家外汇管理部门的批复文件；开立人民币结算资金账户时，应出具证券管理部门的证券投资业务许可证。

（4）专用存款账户的使用

① 单位银行卡账户的资金（备用金）必须由其基本存款账户转账存入。该账户不得办理现金收付业务。

② 证券交易结算资金、期货交易保证金和信托基金专用存款账户不得支取现金。

③ 基本建设资金、更新改造资金、政策性房地产开发资金账户需要支取现金，应在开户时报中国人民银行当地分支行批准。

④ 粮、棉、油收购资金，社会保障基金，住房基金和党、团、工会经费等专用存款账户支取现金应按照国家现金管理的规定办理。银行应按照国家对粮、棉、油收购资金使用管理的规定加强监督，不得办理不符合规定的资金收付和现金支取。

⑤ 收入汇缴资金和业务支出资金，是指基本存款账户存款人附属的非独立核算单位或派出机构发生的收入和支出的资金。收入汇缴账户除向其基本存款账户或预算外资金财政专用存款户划缴款项外，只收不付，不得支取现金。业务支出账户除从其基本存款账户拨入款项外，只付不收，其现金支取必须按照国家现金管理的规定办理。

4）临时存款账户

（1）临时存款账户的概念

临时存款账户是指存款人因临时需要并在规定期限内使用而开立的银行结算账户。

（2）临时存款账户的适用范围

临时存款账户适用于以下情形：设立临时机构，如工程指挥部、筹备领导小组、摄制组等；异地临时经营活动，如建筑施工及安装单位等在异地的临时经营活动；注册验资、增资；军队、武警单位承担基本建设或者异地执行作战、演习、抢险救灾、应对突发事件等临时任务。

（3）临时存款账户的开户证明文件

① 临时机构应出具其驻在地主管部门同意设立临时机构的批文。

② 异地建筑施工及安装单位应出具其营业执照正本或其隶属单位的营业执照正本，以及施工与安装地建设主管部门核发的许可证或建筑施工及安装合同。外国及我国港、澳、台地区建筑施工及安装单位，应出具行业主管部门核发的资质准入证明。

③ 异地从事临时经营活动的单位应出具其营业执照正本以及临时经营地市场监督管理部门的批文。

④ 境内单位在异地从事临时活动的，应出具政府有关部门批准其从事该项活动的证明文件。

⑤ 境外（含我国港、澳、台地区）机构在境内从事经营活动的，应出具政府有关部门批准其从事该项活动的证明文件。

⑥ 军队、武警单位因执行作战、演习、抢险救灾、应对突发事件等任务需要开立银行账户时，开户银行应当凭军队、武警团级以上单位后勤（联勤）部门出具的批件或证明，先予开户并同时启用，后补办相关手续。

⑦ 注册验资资金，应出具市场监督管理部门核发的企业名称预先核准通知书或有关部门的批文。

⑧ 增资验资资金，应出具股东会或董事会决议等证明文件。

上述②、③、④、⑧项还应出具基本存款账户开户许可证，外国及我国港、澳、台地区建筑施工及安装单位除外。

（4）临时存款账户的使用

临时存款账户用于办理临时机构以及存款人临时经营活动发生的资金收付。临时存款账户应根据有关开户证明文件确定的期限或存款人的需要确定其有效期限，最长不得超过2年。临时存款账户支取现金，应按照国家现金管理的规定办理。注册验资的临时存款账户在验资期间只收不付。

4. 银行结算账户的管理

1）银行结算账户的实名制管理

存款人应以实名开立银行结算账户，并对其出具的开户（变更、撤销）申请资料实质内容的真实性负责，法律、行政法规另有规定的除外。存款人应按照账户管理规定使用银行结算账户办理结算业务，不得出租、出借银行结算账户，不得利用银行结算账户套取银行信用或进行洗钱活动。

2）银行结算账户变更事项的管理

存款人申请临时存款账户展期，变更、撤销单位银行结算账户以及补（换）发开户许可证时，既可由法定代表人或单位负责人直接办理，也可授权他人办理。由法定代表人或单位负责人直接办理的，除出具相应的证明文件外，还应出具法定代表人或单位负责人的身份证件；授权他人办理的，除出具相应的证明文件外，还应出具法定代表人或单位负责人的身份证件及其出具的授权书，以及被授权人的身份证件。

3）存款人预留银行签章的管理

单位遗失预留公章或财务专用章的，应向开户银行出具书面申请、开户许可证、营业执照等相关证明文件；更换预留公章或财务专用章时，应向开户银行出具书面申请、原预留公章或财务专用章等相关证明文件。单位存款人申请更换预留公章或财务专用章但无法提供原预留公章或财务专用章的，应向开户银行出具原印鉴卡、开户许可证、营业执照正本、司法部门的证明等相关证明文件。单位存款人申请变更预留公章或财务专用章，可由法定代表人或单位负责人直接办理，也可授权他人办理。由法定代表人或单位负责人直接办理的，除出具相应的证明文件外，还应出具法定代表人或单位负责人的身份证件；授权他人办理的，除出具相应的证明文件外，还应出具法定代表人或单位负责人的身份证件及其出具的授权书，以及被授权人的身份证件。

个人遗失或更换预留个人印章或更换签字人时，应向开户银行出具经签名确认的书面申请，以及原预留印章或签字人的个人身份证件。银行应留存相应的复印件，并凭此办理预留银行签章的变更。单位存款人申请更换预留个人签章,可由法定代表人或单位负责人直接办理,也可授权他人办理。由法定代表人或单位负责人直接办理的,应出具加盖该单位公章的书面申请以及法定代表人或单位负责人的身份证件。授权他人办理的,应出具加盖该单位公章的书面申请、法定代表人或单位负责人的身份证件及其出具的授权书、被授权人的身份证件。无法出具法定代表人或单位负责人的身份证件的,应出具加盖该单位公章的书面申请、该单位出具的授权书以及被授权人的身份证件。

4）银行结算账户的对账管理

银行结算账户的存款人应与银行按规定核对账务。存款人收到对账单或对账信息后,应及时核对账务并在规定期限内向银行发出对账回单或确认信息。

3.1.2　技能储备

网上银行与传统银行相比,具有明显的支付结算优势。以中国建设银行为例,其企业网上银行的特点主要包括以下几点。

1）功能丰富

企业网上银行不仅提供查询、转账、代发代扣等基础金融服务,还支持信贷融资、票据业务、投资理财等特色服务。此外,还可以为中小企业客户提供 e 商融资等服务;为集团客户提供现金管理、资金归集等服务;为机构客户提供公务卡、中央财政等服务。

2）流程灵活

企业网上银行可设置制单、复核等多种操作员角色,支持多级交易流程控制。

3）友好易用

企业网上银行以互联网为载体,充分考虑客户体验,展示界面简洁明了、操作步骤简单,同时提供常见问题解答、在线邮件等辅助功能,实现了银企之间良好的在线互动。

4）方便快捷

提供 7 天、24 小时全天候的服务,只要有可接入互联网的计算机,无论何时,即可轻松享受管理账户、划转资金、投资理财、信贷融资等银行服务。

5）节约成本

使用企业网上银行可节约多种成本:一是可节省往返银行的成本;二是通过系统管理企业内部运作,可减少企业管理成本支出;三是通过企业网上银行办理业务,可享受手续费打折等优惠;四是通过企业网上银行交易实时性强,可灵活掌握企业资金流转。

6）安全可靠

企业网上银行采用网银盾或动态令牌作为证书介质,可提供交易限额、操作流程、密码等多种安全措施,保障企业操作、资金安全。

下面以中国建设银行为例,介绍企业网上银行的使用流程。

1. 企业网上银行的开通

以中国建设银行为例,其不同性质企业客户网上银行开通方式和流程如表 3-1 所示。

表 3-1　中国建设银行企业网上银行开通方式和流程

客户类型	海外版	简版	高级版	小企业版	跨境电商版
开通方式	柜台	柜台	柜台	柜台或网上银行	柜台或网上银行
开通流程	携带商业登记证原件及复印件；或者全球唯一银行代码证原件及复印件并提交申请书交由工作人员办理	携带组织机构代码证正(副)本或营业执照代码证件正(副)本和其他证件等资料，并提交客户服务申请书交由工作人员办理	携带组织机构代码证正(副)本或营业执照代码证件正(副)本和其他证件等资料，并提交客户服务申请书交由工作人员办理	携带组织机构代码证正(副)本或营业执照证件正(副)及其他证件资料至账户开户网点，申请签约成为企业网上银行高级版客户，同时填写中国建设银行专属服务开通申请书，申请开通小企业版专属服务；若企业已签约成为企业网上银行高级版客户，直接至网上银行签约网点申请小企业版专属服务即可	携带组织机构代码证正(副)本或营业执照证件正(副)及其他证件资料至账户开户网点，申请签约成为企业网银高级版客户，同时填写中国建设银行专属服务开通申请书，申请开通跨境电商版专属服务；若企业已签约成为企业网上银行高级版客户，直接至网上银行签约网点申请跨境电商版专属服务即可
可享服务	账户查询、转账、汇款、代理清算、管理设置	账户查询、电子对账、服务中心	网银提供的全部功能、账户查询、账户管理、结算服务、投资理财、信贷融资	账户查询、电子对账、转账、代发、信贷融资、投资理财、国际结算、公私账户管理	外汇汇款、收汇处理、国际贸易融资、结售汇、外汇买卖、银关通、银税通、汇率掉期、汇率期权、账户查询、转账、电子对账、缴费业务、服务管理
注意事项	—	开通后需要在下载中心下载简版企业证书	开通后需要在下载中心下载安装高级版签名通和网银盾管理工具	使用代发代扣、通知存款、定期存款、基金、理财产品、外汇汇款、收汇处理等功能需在网点提交开通申请，如有需求，建议企业在网点申请开通小企业版专属服务时同步提交产品开通申请书及协议	使用外汇汇款、收汇处理、汇率业务等功能需在网点提交开通申请，如有需求，建议企业在网点申请开通跨境电商版专属服务时同步提交产品开通申请书及协议

2. 企业网上银行的安装、登录和初始化设置

1) 企业网上银行的安装

首次使用时，先将主管网银盾(通常是网银盾背面编号最小的)插入计算机，登录中国建设银行网站，单击"公司机构"，选择"电子银行"下的"下载中心"，进入下载页面，下载企业客户 E 路护航安全组件，如图 3-2 所示。

在下载专区页面右击"新版 E 路护航"，选择"目标另存为"，如图 3-3 所示。可将文件保存在桌面，然后双击安装图标进行安装，安装界面如图 3-4 所示。

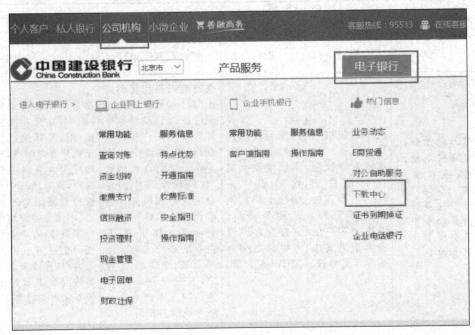

图 3-2　企业客户 E 路护航安全组件下载路径

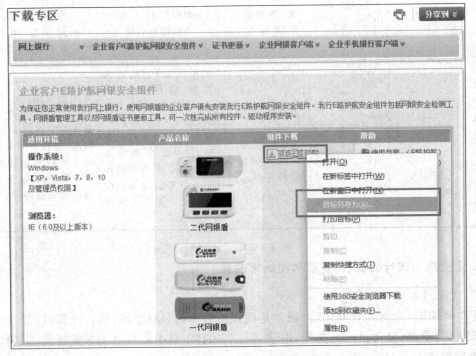

图 3-3　保存 E 路护航安全组件

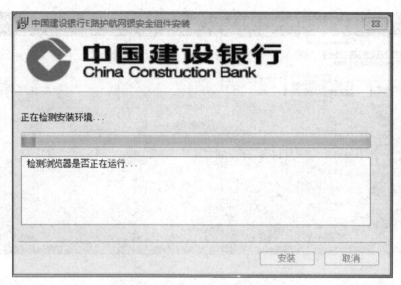

图 3-4 E 路护航安全组件安装界面

小贴士

网银盾无初始密码,首次使用网银盾会弹出设置密码提示页面,如图 3-5 所示,此口令为用户自己设定的口令。如未出现设置口令的提示,需要直接输入网银盾密码,需联系开户行询问。主管、制单和复核网银盾口令需要分别插入计算机进行设置。

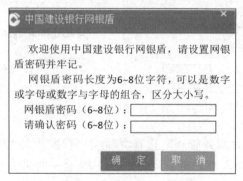

图 3-5 设置密码提示页面

2)企业网上银行的登录

(1)首次登录,需插入主管网银盾(通常网银盾编号尾号最小的)。打开浏览器,登录中国建设银行网站,单击"公司机构",选择"企业网上银行"右侧的"登录",如图 3-6 所示。

(2)确认证书,输入网银盾密码,如图 3-7 所示。

(3)首次登录页面如图 3-8 所示。客户号和操作员代码会自动显示,首次使用主管网银盾的登录密码默认为"999999"。首次使用网银盾需要对其进行激活。

(4)网银盾激活后,再次登录,单击"进入操作页面"即可,如图 3-9 所示。

3)企业网上银行的初始化设置

首次使用时,需要用主管网银盾来设置操作员和设置流程。

图 3-6　登录企业网上银行

图 3-7　确认证书及输入网银盾密码

（1）新增操作员，单击"服务管理"，选择"操作员管理"中的"操作员维护"，单击"新增"，填写新增操作员信息，并输入密码确认，如图 3-10 所示。网页会弹出是否立即启用该操作员的对话框，单击"确认"，如图 3-11 所示。

设置成功后，按同样步骤设置一个复核员。

（2）权限分配。制单员和复核员均需设置权限。选择"操作员管理"中的"权限分配"，单击"账户权限"，根据具体情况勾选账户和操作权限，如图 3-12 所示。

（3）设置转账流程。根据企业内部控制制度，可在系统中自定义转账业务流程。选择"流程管理"中的"自定义流程"，选择业务类型，如图 3-13 所示。

单击"新增"，设置流程信息，如图 3-14 所示。

勾选账号，输入流程金额，超过流程金额的转账交易，还需要主管审批，未超过只需要操作员处理，如图 3-15 所示。

根据企业内部控制需要选择相应的复核员，如图 3-16 所示。

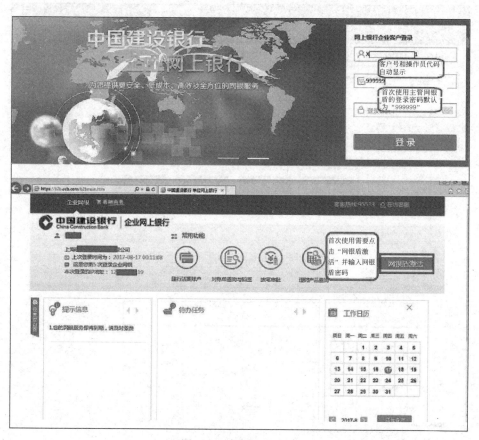

图 3-8　首次登录界面

图 3-9　再次登录界面

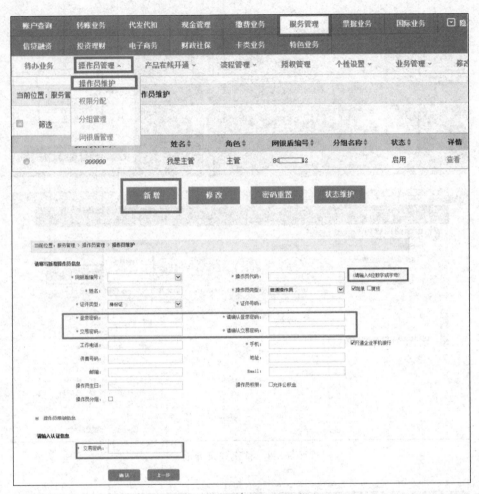

图 3-10 填写新增操作员信息

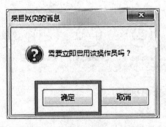

图 3-11 确认启用该操作员

小贴士

如果只需要制单员一个人完成转账，无须复核员操作，超过流程金额主管审批，可以在该页面不添加复核员，直接单击"完成设置"。

最后单击"完成设置"，输入交易密码确认，如图 3-17 所示。

主管在完成初始化设置后，制单员和复核员首次登录也需要进行网银盾激活操作。

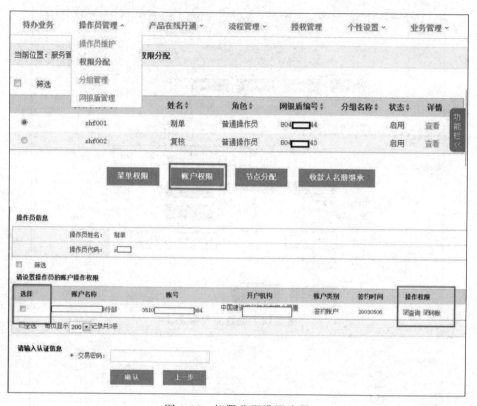

图 3-12 权限分配设置流程

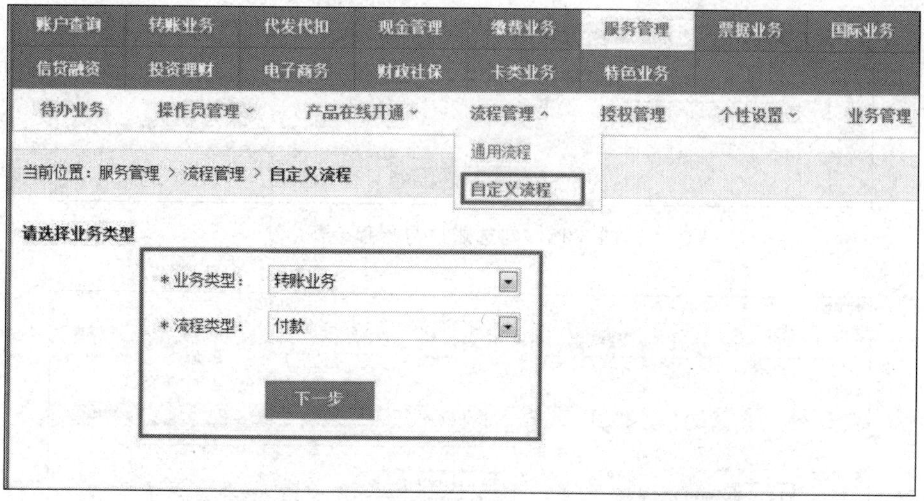

图 3-13 选择业务类型

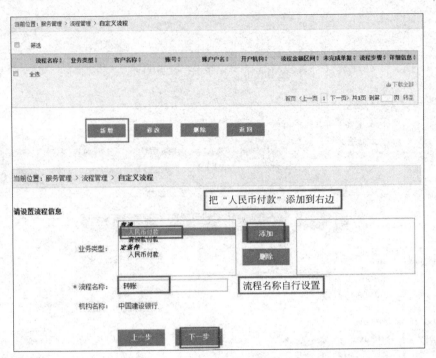

图 3-14　设置流程信息

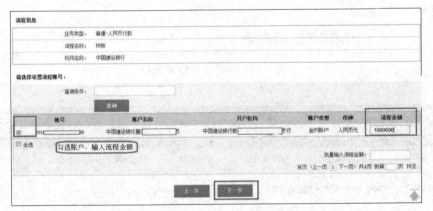

图 3-15　勾选账户与流程金额

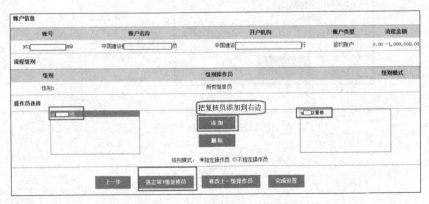

图 3-16　添加复核员（非必需）

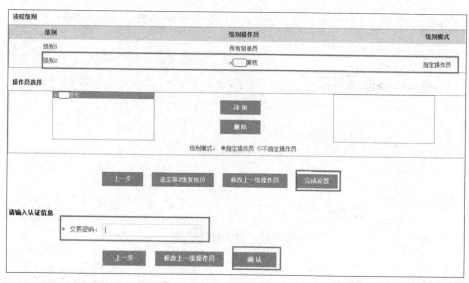

图 3-17 完成设置确认

3. 企业网上银行的转账操作

主管完成初始化设置后,转账需要先由制单员录入单据,再根据设置的自定义流程来进行复核或审批。

1) 制单

选择"转账业务"中的"转账制单",单击"单笔付款",选择"付款人账号",如图 3-18 所示。

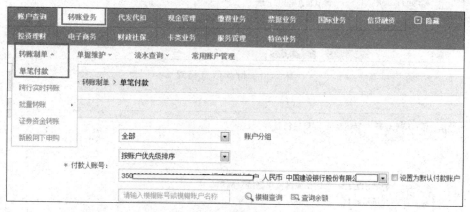

图 3-18 选择付款人账号

(1) 若收款人为中国建设银行企业账户,首先输入收款人账号、付款金额、用途等付款信息,然后系统将自动显示付款信息供核对,输入交易密码后系统将自动弹出付款单据提交成功页面,如图 3-19~图 3-21 所示。

(2) 若收款人为他行账户,需要依次输入收款人账号、户名、开户行等信息,在核对账户信息后单击"确认"即可,如图 3-22 所示。

(3) 对私转账限额和非同名转账限额查询。使用制单员网银盾登录企业网上银行,单

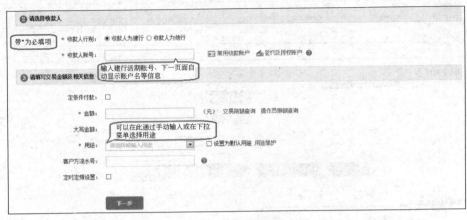

图 3-19 输入付款信息

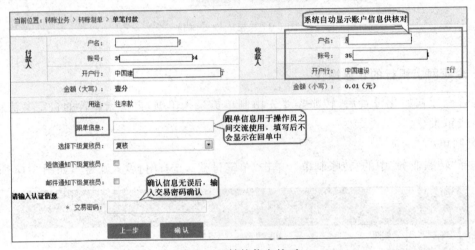

图 3-20 付款信息核对

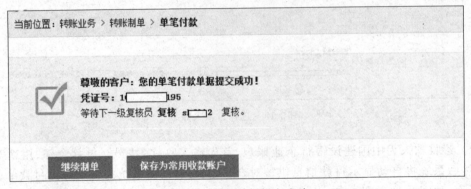

图 3-21 付款单据提交成功

击"转账业务"中的"单笔付款"或"转账业务"中的"跨行实时转账"进入操作页面,在金额栏旁单击"交易限额查询",查看公转私限额和非同名转账限额,如图 3-23 和图 3-24 所示。

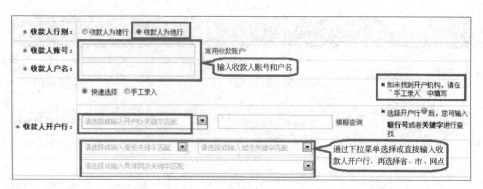

图 3-22 他行账户信息填写

图 3-23 交易限额查询

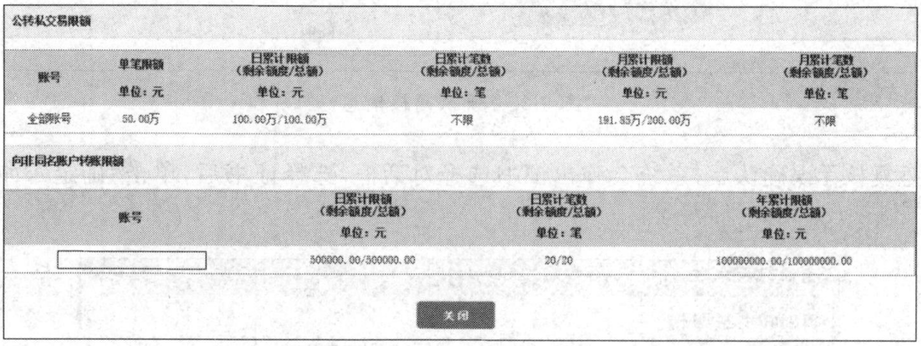

图 3-24 交易限额显示

2）复核

拔出制单员网银盾，关闭所有浏览器，再插入复核员网银盾登录企业网银。单击"转账业务"，选择"转账复核"中的"按笔复核"，确认信息后，选择是否通过，如图 3-25 所示。

确认信息无误后，单击"确认"，如图 3-26 所示。

🌶小贴士

不超过流程金额的交易，复核员确认后输入网银盾密码，提交至银行。超过流程金额的交易，还需要主管审批。

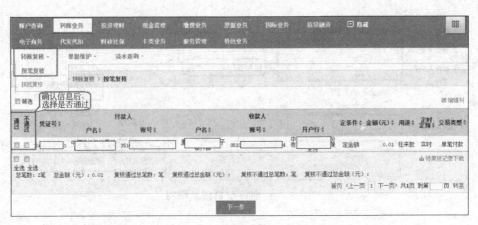

图 3-25　信息复核

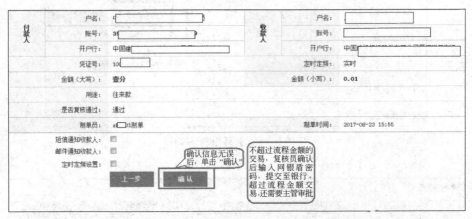

图 3-26　确认复核信息

信息复核无误确认后，系统会弹出证书选择对话框，选择证书后，单击"确定"，如图 3-27 所示。

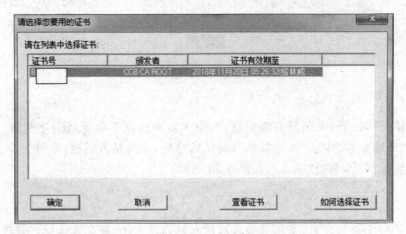

图 3-27　证书选择

选择证书后,系统会弹出输入网银盾密码的对话框,输入密码后,单击"确定",如图 3-28 所示。

图 3-28 输入网银盾密码

系统显示单据审核完成,可以打印回执,并继续复核其他单据,如图 3-29 所示。

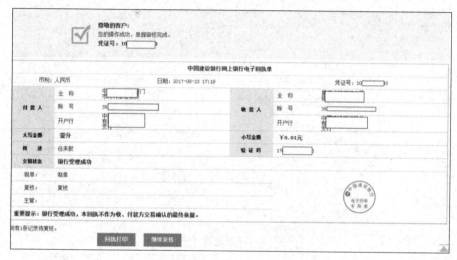

图 3-29 单据审核完成

3) 查询转账流水

选择"流水查询",单击"转账流水查询"中的"按笔流水查询",选择查询条件,其中日期类型和日期区间必填,如图 3-30 所示。如果选择日期类型为制单日期,只有处理过该笔交易的操作员才可以查询该笔流水。主管可以查询全部流水。

图 3-30 选择查询条件

进入查询信息显示界面后，单击凭证号可以查询单据详细信息，通过单据状态可以判断交易情况。对于未处理完成的单据，可以单击"查看当前操作员"，查询需要哪一位操作员进行处理，如图 3-31 所示。

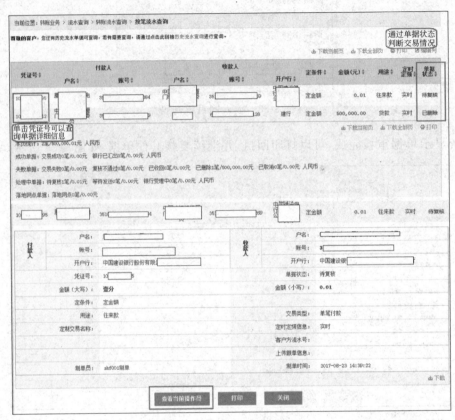

图 3-31　查询信息显示界面

3.1.3　实践训练

网上银行转账业务

1）业务描述

2023 年 5 月 25 日，海洋公司采购部徐颖持购销合同复印件等到财务部，要求通过网上转账给青岛洋海公司预付货款 300 000 元。

网上银行转账业务

这笔网上银行转账付款业务应如何办理，出纳孙胜在该笔业务中的具体职责是什么？

2）业务工作过程及岗位对照

图 3-32 为网上银行付款业务工作过程及岗位对照。

3）业务操作流程

（1）采购业务员徐颖到财务部领取并填制网上银行付款申请书。

（2）部门领导赵辉、单位负责人周正审核批准后签章。

（3）会计主管刘毅审核批准后签章，经各部门审核后的付款申请书如图 3-33 所示。

（4）制单会计殷悦审核后编制银行存款付款凭证。

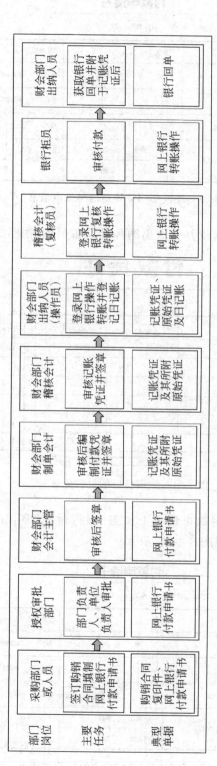

图 3-32 网上银行付款业务工作过程及岗位对照

付款申请书

2023 年 05 月 25 日

用途及情况	金额									收款单位（人）：	青岛洋海公司
	¥	3	0	0	0	0	0	0	0	账号：	1195643692895
										开户行：	中国建设银行李沧支行
金额（大写）合计：	人民币叁拾万元整									电汇：□ 汇票：□ 转账：✓	
总经理 周正	财务部门	经理 刘毅				申请部门	经理 赵辉				
		会计 赵阳					经办人 徐颖				

图 3-33 经各部门审核后的付款申请书

（5）稽核会计赵阳审核后签章并交由出纳孙胜准备付款，如图 3-34 所示。

付 款 凭 证

付 字第 5 号
附 件 1 张

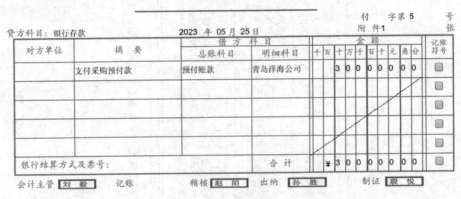

贷方科目：银行存款　　2023 年 05 月 25 日

对方单位	摘要	借方科目		金额									记账符号
		总账科目	明细科目	千	百	十	万	千	百	十	元	角 分	
	支付采购预付款	预付账款	青岛洋海公司		3	0	0	0	0	0	0	0 0	□
													□
													□
													□
													□
银行结算方式及票号：			合计	¥	3	0	0	0	0	0	0	0 0	

会计主管 刘毅　记账　　稽核 赵阳　出纳 孙胜　　制证 股悦

图 3-34 经审核后的付款凭证

（6）出纳孙胜在审核后在付款申请书上加盖"银行付讫"章，如图 3-35 所示，并登录至网上银行进行转账业务操作，如图 3-36 所示。

付款申请书

2023 年 05 月 25 日

用途及情况	金额									收款单位（人）：	青岛洋海公司
	¥	3	0	0	0	0	0	0	0	账号：	1195643692895
										开户行：	中国建设银行李沧支行
金额（大写）合计：	人民币叁拾万元整					银行付讫				电汇：□ 汇票：□ 转账：✓	
总经理 周正	财务部门	经理 刘毅				申请部门	经理 赵辉				
		会计 赵阳					经办人 徐颖				

图 3-35 加盖"银行付讫"章的付款申请书

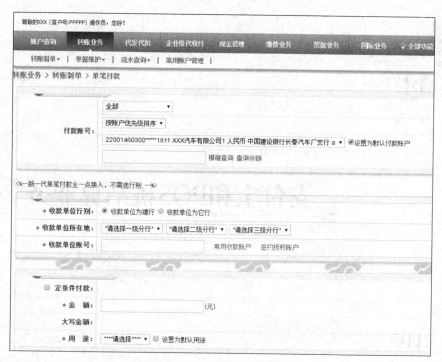

图 3-36　转账业务操作

（7）会计主管刘毅登录网上银行进行转账业务审核操作。

（8）出纳孙胜登录网上银行打印电子回单，将其附于付款凭证后。

（9）出纳孙胜在付款凭证上加盖名章（见图 3-36），并根据付款凭证逐日逐笔登记银行存款日记账，然后将付款凭证交由相关会计人员据以登记总账和相关明细账。

网上银行结算业务
课后题

项目4

支付宝和POS机结算业务

 学习目标

知识目标

1. 了解支付宝的相关基础知识。

2. 了解 POS 机的相关基础知识。

技能目标

1. 能够办理企业支付宝注册业务。

2. 熟练办理企业支付宝转账与提现业务。

3. 熟练办理 POS 机结算业务。

素质目标

1. 培养爱岗敬业、提高技能的会计职业道德。

2. 培养严谨认真的职业精神。

重点与难点

重点

1. 企业支付宝转账业务操作。

2. POS 机结算业务操作。

难点

POS 机结算业务操作。

项目引例

2023 年 5 月 25 日,海洋公司下属门店对外零售取得支付宝含税收入 10 000 元,手续费 0.1%,支付宝到账 9 990 元;取得 POS 机结算含税收入 11 300 元,31 日收到相应银行结算单及交易明细,POS 机费率为 6%。

以上业务既包含支付宝收款业务，又包含POS机结算业务。通过本项目的学习，同学们将熟练掌握支付宝和POS机结算业务的操作，尤其是收款业务的办理。

4.1 支付宝结算业务

 **思维导图**

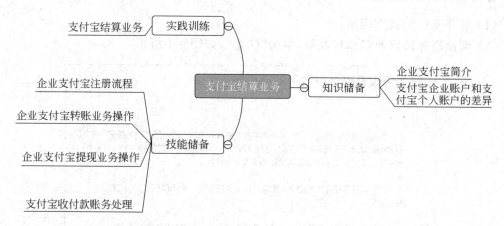

4.1.1 知识储备

1. 企业支付宝简介

支付宝致力于为中国电子商务提供简单、安全、快速的在线支付解决方案。支付宝账户分为个人和企业两种类型，可以根据自己的需要选择账户类型。下面主要讲解企业支付宝。

企业支付宝旨在提供一个面向企业、专业化的财务管理和资金结算服务平台，包括多操作员、多账户、授权管理、审核流程、集团账户业务与账务明细查询及下载、母子公司账户余额查询、单笔或者批量代发及代扣、内外资金转账调拨等。

支付宝企业账户一般用营业执照信息注册并认证，绑定的银行卡也需要是以企业名称开户的对公账户，也就是说支付宝企业账户一定要有企业银行账户与之匹配，且账户类型是不能修改的。

2. 支付宝企业账户和支付宝个人账户的差异

企业和个人不同，企业对资金的管理以及财务的操作等更加复杂，普通的支付宝个人账户无法满足企业的需求，很容易带来不必要的风险，而支付宝企业账户是针对企业量身打造的用于企业管理的账户，方便企业财务进行资金的管理。

支付宝企业账户和支付宝个人账户的具体差异如下。

（1）从认证条件上看，支付宝个人账户是以个人的身份证信息进行实名认证的，在认证时只需要提供身份证信息就可以了。而支付宝企业账户则需要以企业的名称来进行实名认证，并且要提供公司法人的身份证信息和银行卡对公账户，以及营业执照等相关认证材料。

（2）从绑定的银行卡来看，个人认证过的账户，只能绑定自己的个人银行卡，不能绑定其他类型的银行卡；同样，支付宝企业账户也只能绑定企业的对公账户，而不能绑定个人的银行卡。

（3）从提现方面来说，和上一条相同，个人的账户只能提现到个人的银行卡，企业的账户只能提现到对公账户上。最重要的是，个人提现到银行卡不需要交税，而支付宝企业账户如果提现，则需要交税。

4.1.2　技能储备

1. 企业支付宝注册流程

（1）打开支付宝官方网站。

（2）阅读服务协议及隐私权政策，单击"同意"，如图 4-1 所示。

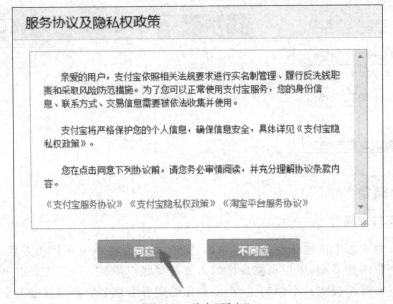

图 4-1　单击"同意"

（3）选择"企业账户"，如图 4-2 所示。

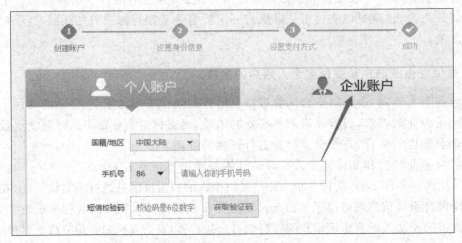

图 4-2　选择企业账户

（4）再次阅读服务协议及隐私权政策，单击"同意"，如图4-3所示。

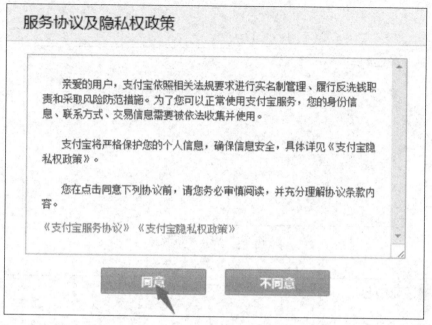

图4-3　再次单击"同意"

（5）输入电子邮箱作为企业账户名，再输入验证码，单击"下一步"，如图4-4所示。

图4-4　输入用户名和验证码

（6）输入手机号，单击"点此免费获取"按钮获取验证码，然后单击"下一步"，如图4-5所示。

（7）系统会将认证邮件发至所留邮箱，单击"立即查收邮件"，如图4-6所示。

（8）打开邮箱收件箱，单击"继续注册"，如图4-7所示。

（9）输入企业支付宝登录密码、支付密码，设置安全保护问题，如图4-8所示。

（10）企业支付宝必须经过实名认证，单击"企业实名信息填写"，如图4-9所示。

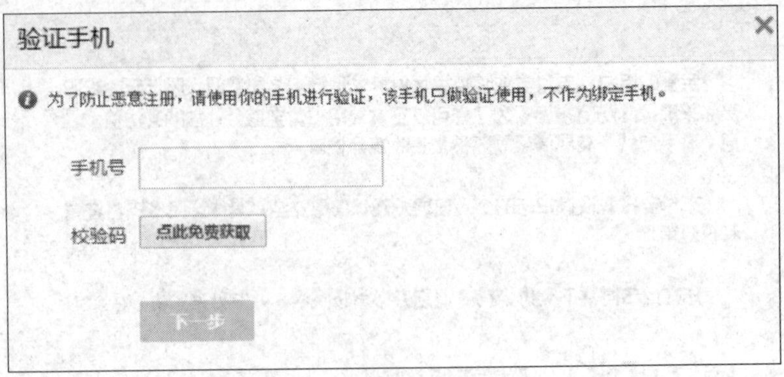

图 4-5　输入手机号

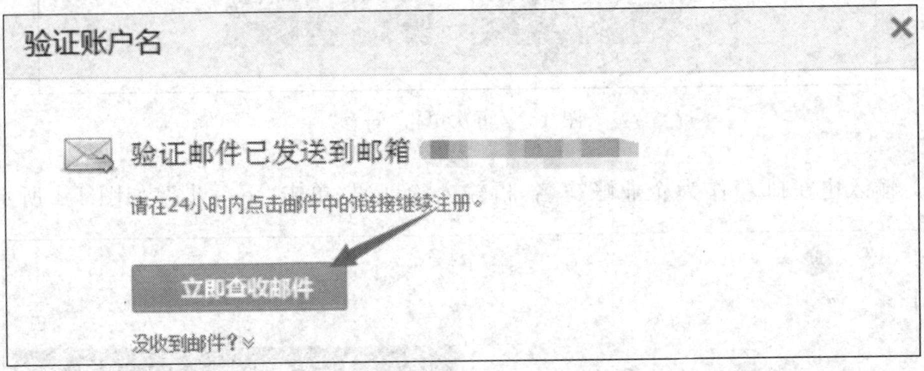

图 4-6　单击"立即查收邮件"

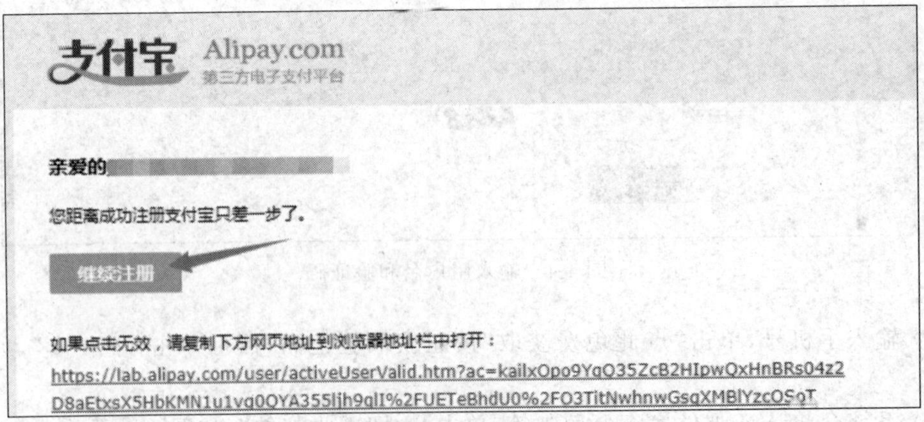

图 4-7　单击"继续注册"

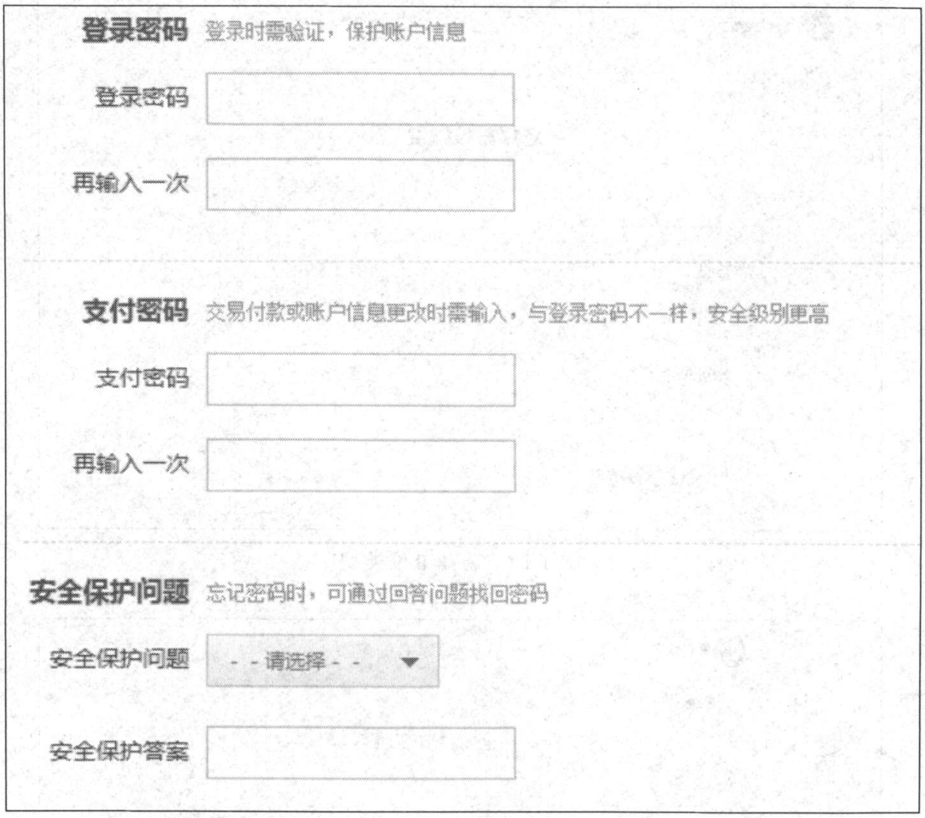

登录密码　登录时需验证，保护账户信息
登录密码
再输入一次
支付密码　交易付款或账户信息更改时需输入，与登录密码不一样，安全级别更高
支付密码
再输入一次
安全保护问题　忘记密码时，可通过回答问题找回密码
安全保护问题
- - 请选择 - -
安全保护答案

图 4-8　设置密码

创建账户
填写基本信息
填写企业实名信息
成功
您可以通过以下方式完成企业实名信息填写，才可以正常使用支付宝相关功能。
如在2018年11月03日未完成，需重新创建账户。
企业实名信息填写
登录已有企业认证账户完成操作

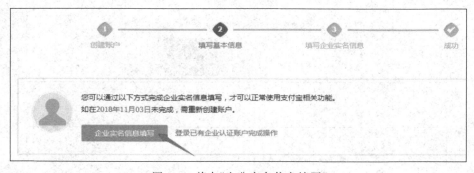

图 4-9　单击“企业实名信息填写”

(11) 选择“企业”作为单位类型，单击“下一步”，如图 4-10 所示。

(12) 填写企业名称、社会信用代码(注册号)，上传企业营业执照，如图 4-11 所示；然后填写法定代表人的相关信息，上传身份证照片，如图 4-12 所示。

(13) 核对企业名称、社会信用代码(注册号)、单位所在地、住所等实名信息，如图 4-13 所示；然后核对法定代表人信息，如图 4-14 所示。

(14) 这时，需要企业法人验证，选择“法定代表人支付宝验证”，建议使用该验证方式，审核通过速度比较快，如图 4-15 所示。

图 4-10　选择单位类型

图 4-11　填写企业信息

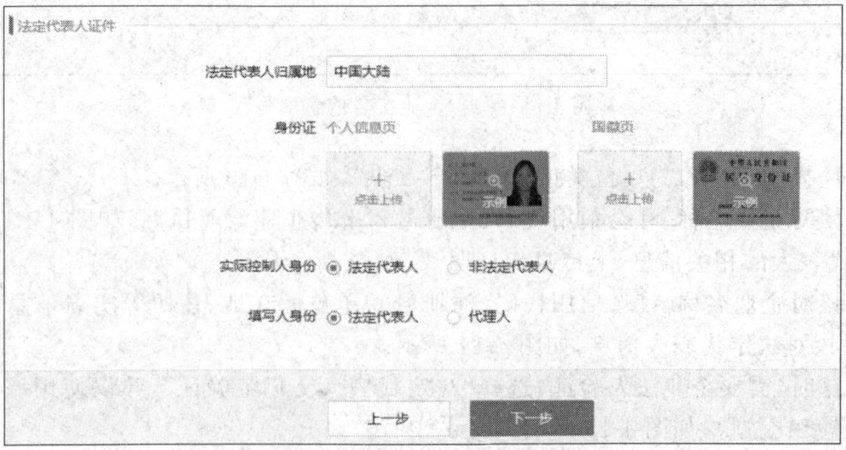

图 4-12　填写法定代表人信息

图 4-13　核对企业信息

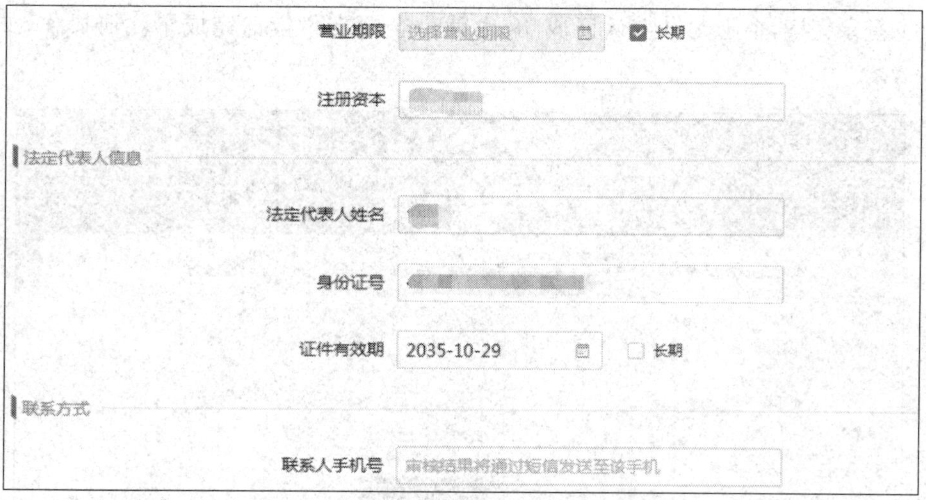

图 4-14　核对法定代表人信息

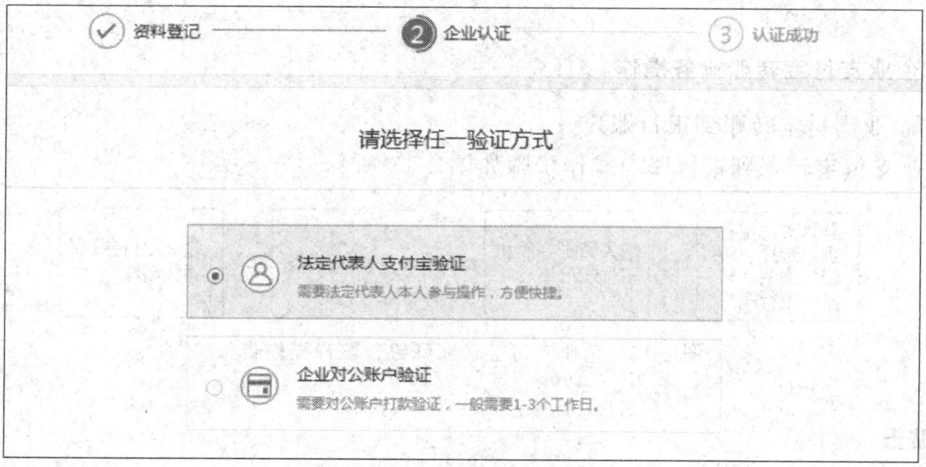

图 4-15　选择企业法人验证方式

（15）输入企业法人个人支付宝登录密码，如图 4-16 所示。

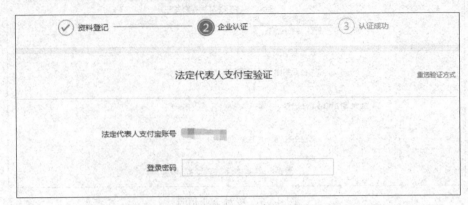

图 4-16　输入企业法人个人支付宝登录密码

（16）登录完毕，企业支付宝认证成功，也就是企业支付宝已完成了注册操作，如图 4-17 所示。

图 4-17　企业支付宝认证成功

2. 企业支付宝转账业务操作

1）企业支付宝转账到银行账户

企业支付宝转账到银行账户操作步骤如图 4-18 所示。

图 4-18　企业支付宝转账到银行账户操作步骤

小贴士

转账到银行账户时，需要注意以下事项：①付款金额大于或等于 5 万元，付款原因处必须填写；②银行服务类型将根据填好的收款银行信息自动选择；③确认转账后无法撤回；
④为保障资金安全，需通过绑定手机校验。

2）企业支付宝转账到支付宝账户

企业支付宝转账到支付宝账户操作步骤如图4-19所示。

图4-19 企业支付宝转账到支付宝账户操作步骤

小贴士

转账到支付宝账户时，需要注意以下事项：①付款金额大于或等于5万元，付款原因处
必须填写；②"选择账户"的"最近转账"只记录非关联账户转账成功的对方账户信息；
③"关联账户"转账成功的账户信息记录在"关联认证账户"中；④没有安装数字证书时会进
行短信校验。

3. 企业支付宝提现业务操作

支付宝提现就是从支付宝账户中，把余额转入指定的银行卡。已经认证的支付宝账户，
至少要设置一个收款的银行账户。一个支付宝账户可设置18个提现银行账户，具体银行可
以自己选择。一个银行账户可在多个支付宝账户中设置为提现银行账户。

企业只能提现到企业对公账户。企业账户的余额不能提现到个人银行卡上。具体提现
操作步骤如下。

（1）登录企业支付宝账户，单击"提现"，如图4-20所示。

图4-20 登录企业支付宝账户

（2）当账户内无可提现余额时，输入金额后单击"下一步"，系统会提示请充值后再操
作，如图4-21所示。

图 4-21 充值提示

当账户内有可提现余额时，输入金额，单击"下一步"，如图 4-22 所示。

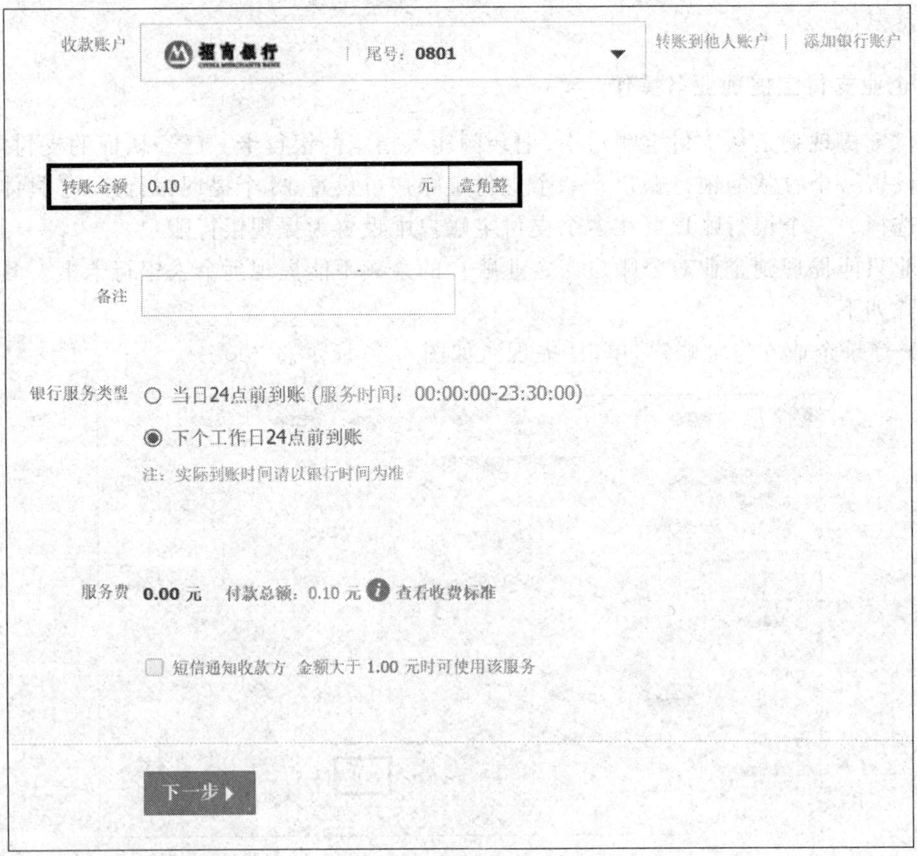

收款账户　招商银行　尾号：0801　▼　转账到他人账户 ｜ 添加银行账户

转账金额 0.10　元　壹角整

备注

银行服务类型 ○ 当日24点前到账（服务时间：00:00:00-23:30:00）
　　　　　　 ◉ 下个工作日24点前到账
　　　　　　 注：实际到账时间请以银行时间为准

服务费 **0.00** 元　付款总额：0.10 元 ⓘ **查看收费标准**

☐ 短信通知收款方 金额大于 1.00 元时可使用该服务

下一步 ▶

图 4-22 输入提现金额

确认信息后，输入支付密码，单击"确认转账"，如图 4-23 所示。

（3）若提现失败，单击"立即申请充值退回"，金额只能原路退回到原来用于充值的银行

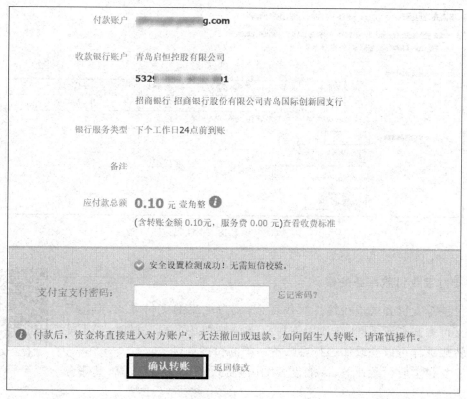

图 4-23　确认信息

卡,每天最多进行 3 次充值退回,如图 4-24 所示。

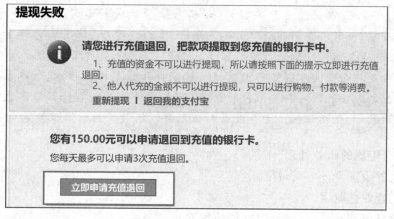

图 4-24　申请充值退回

（4）在需要原路退回的款项上打钩,输入需要原路退回的金额和支付密码,如图 4-25 所示。

（5）申请充值退回提交成功后,Visa 卡、中国银行申请充值退回后款项会在 5～10 个工作日到账,其他银行 2～3 个工作日到账。

图 4-25　填充值退回信息

4. 支付宝收付款账务处理

支付宝收付款
账务处理

支付宝等支付方式正在逐步取代现金，成为主流的支付方式，但是与传统的支付方式有所不同，在使用支付宝支付特别是远程支付时，并不能像银行转账那样可以获取如银行对账单一类的付款凭证。

对于支付宝收付款业务，一般设置"其他货币资金"科目核算，其账务处理如下。

> **知识延伸**
>
> #### "其他货币资金"的含义
>
> "其他货币资金"本身为资产类科目，是指企业除现金和银行存款以外的货币资金。它包括外埠存款、银行汇票存款、银行本票存款、信用卡存款、信用证保证金存款等。其中，外埠存款是指企业到外地进行临时零星采购时，汇往采购地银行开立采购专户款项；银行汇票存款是指企业为取得银行汇票按照规定存入银行的款项；银行本票存款是指企业为取得银行本票按照规定存入银行的款项；信用卡存款是指企业按照规定为取得信用卡存入银行的款项；信用证保证金存款是指企业存入银行作为信用证保证金专户的款项。

1）收到销售款的账务处理

借：其他货币资金——支付宝

　　贷：主营业务收入

　　　　应交税费——应交增值税（销项税额）

2）购买货物的账务处理

借：库存商品

　　应交税费——应交增值税（进项税额）

　　贷：其他货币资金——支付宝

3）购买办公用品的账务处理

借：管理费用

应交税费——应交增值税（进项税额）

　贷：其他货币资金——支付宝

4）余额提现的账务处理

借：银行存款

　贷：其他货币资金——支付宝

5）转入支付宝余额的账务处理

借：其他货币资金——支付宝

　贷：银行存款

6）提现时产生手续费的账务处理

以提现 1 000 元,手续费 0.1%,银行实际收款 999 元为例。

借：银行存款　　　　　　　　　　　　　　　　　　　999.00

　财务费用——手续费　　　　　　　　　　　　　　　　1.00

　　贷：其他货币资金——支付宝　　　　　　　　　　1 000.00

7）收款时产生手续费的账务处理

以含税收入 1 000 元,手续费 0.1%,支付宝到账 999 元为例。

借：其他货币资金——支付宝　　　　　　　　　　　　　999.00

　财务费用——手续费　　　　　　　　　　　　　　　　1.00

　　贷：主营业务收入　　　　　　　　　　　　　　　　884.96

　　　应交税费——应交增值税（销项税额）　　　　　　115.04

4.1.3 实践训练

支付宝结算业务

支付宝结算业务

1）业务描述

2023 年 5 月 25 日,海洋公司下属门店对外零售取得支付宝含税收入 10 000 元,手续费 0.1%,支付宝到账 9 990 元。这笔支付宝收款业务应如何办理,出纳孙胜在该笔业务中的具体职责是什么?

2）业务工作过程及岗位对照

图 4-26 为支付宝收款业务工作过程及岗位对照。

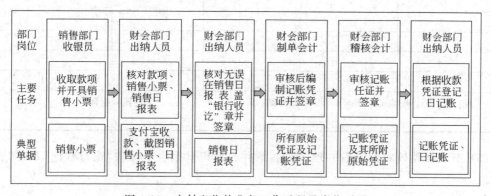

部门岗位	销售部门收银员	财会部门出纳人员	财会部门出纳人员	财会部门制单会计	财会部门稽核会计	财会部门出纳人员
主要任务	收取款项并开具销售小票	核对款项、销售小票、销售日报表	核对无误在销售日报表盖"银行收讫"章并签章	审核后编制记账凭证并签章	审核记账凭证并签章	根据收款凭证登记日记账
典型单据	销售小票	支付宝收款、截图销售小票、日报表	销售日报表	所有原始凭证及记账凭证	记账凭证及其所附原始凭证	记账凭证、日记账

图 4-26　支付宝收款业务工作过程及岗位对照

3）业务操作流程

（1）海洋公司收银员王一帆5月25日到财务处交支付宝零售款截图和一张销售小票（见图4-27）给出纳孙胜。

海洋公司销售小票					NO.5385450	

2023 年 5 月 25 日

序号	商品编码	商品名称	数量/台	单价/元	金额/元
1	161131	滚筒智能洗衣机	1	10 000.00	10 000.00
支付方式	现金	银行卡	积分卡	赠券	折扣券
合计	人民币(大写)壹万元整				

第二联记账联

收银员：王一帆   销售员：卜邵丽

图 4-27　海洋公司销售小票

（2）出纳孙胜根据企业支付宝收款信息与收银员王一帆交的销售小票、进销存系统导出的经销售员卜邵丽复核和销售主管张艳芳签字确认的销售日报表（见表4-1）进行核对。

表 4-1　海洋公司销售日报表

2023 年 5 月 25 日　　　　　　　　第 028 号

序号	商品编码	商品名称	规格型号	单位	数量	单价/元	金额/元	客户
1	161131	滚筒智能洗衣机	ay-001	台	1	10 000.00	10 000.00	个人
合计							¥10 000.00	

销售主管：张艳芳　　　　　出纳：　　　　　　复核：赵阳

（3）出纳孙胜核对无误后办理收款签章并在销售日报表上加盖"银行收讫"章，如表4-2所示。

表 4-2　加盖"银行收讫"章的海洋公司销售日报表

海洋公司销售日报表

2023 年 5 月 25 日　　　　　　　　　　第 028 号

序号	商品编码	商品名称	规格型号	单位	数量	单价/元	金额/元	客户
1	161131	滚筒智能洗衣机	ay-001	台	1	10 000.00	10 000.00	个人
						银行收讫		
合计							￥10 000.00	

销售主管：张艳芳　　　　　　出纳：孙胜　　　　　　复核：赵阳

第三联 财务联

（4）制单会计殷悦核对销售小票与销售日报表等相关项目内容，审核无误后据以编制其他货币资金收款凭证（见图 4-28）和转账凭证（见图 4-29）。

收款凭证

图 4-28　编制收款凭证

转账凭证

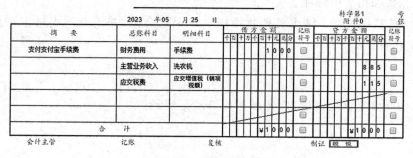

图 4-29　编制转账凭证

（5）稽核会计赵阳审核记账凭证及所附原始凭证并在审核栏签章，如图 4-30 和图 4-31 所示。

收款凭证

借方科目：其他货币资金　　　　　2023 年 05 月 25 日　　　　　收　字第3　号　　附件3　张

对方单位	摘 要	贷方科目		金 额									记账符号
		总账科目	明细科目	千	百	十	万	千	百	十	元	角	分
个人	支付宝电器零售款	主营业务收入	洗衣机				8	8	4	0	7	1	☐
		应交税费	应交增值税（销项税额）				1	1	4	9	2	9	☐
													☐
													☐
													☐
银行结算方式及票号：			合　计			¥	9	9	9	0	0	0	☐

会计主管　　　记账　　　稽核 赵 阳　　　出纳 孙 胜　　制证 殷 悦

图 4-30　经审核的收款凭证

（6）出纳孙胜对上述收款凭证审核后在记账凭证出纳栏下加盖名章，如图 4-30 所示。

转账凭证

2023 年05 月 25 日　　　　转字第1　号　　附件0　张

摘 要	总账科目	明细科目	借方金额									记账符号	贷方金额									记账符号
			千	百	十	万	千	百	十	元	角	分		千	百	十	万	千	百	十	元	角	分	
支付支付宝手续费	财务费用	手续费							1	0	0	0	☐										☐
	主营业务收入	洗衣机											☐							8	8	5	☐
	应交说费	应交增值税（销项税额）											☐							1	1	5	☐
													☐										☐
													☐										☐
合　计								¥	1	0	0	0	☐						¥	1	0	0	0	☐

会计主管　　　记账　　　复核 赵 阳　　　制证 殷 悦

图 4-31　经审核的转账凭证

（7）出纳孙胜根据收款凭证逐日逐笔登记其他货币资金日记账，并将收款凭证交由会计人员登记总账和相关明细账。

（8）出纳孙胜每日终了结出其他货币资金日记账余额，并定期与支付宝账户余额相核对，保证账实相符。

 小贴士

微信在企业实务中较少使用，其账务处理同支付宝。

4.2　POS机结算业务

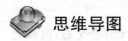

思维导图

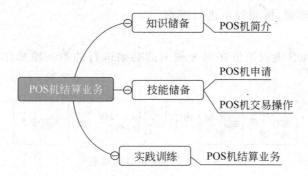

4.2.1　知识储备

POS机简介

POS(point of sales)的中文意思是"销售点",POS机通过读卡器读取银行卡上的持卡人磁条信息,由POS机操作人员输入交易金额,持卡人输入个人识别信息(即密码),POS机把这些信息通过银联中心,上送发卡银行系统,完成联机交易,接收成功与否的信息,并打印相应的票据。POS机的应用实现了信用卡、借记卡等银行卡的联机消费,保证了交易的安全、快捷和准确,避免了手工查询黑名单和压单等问题,提高了工作效率。

4.2.2　技能储备

1. POS机申请

POS机申请

1)准备材料

在申请POS机之前,必须准备好相应的材料,包括法人身份证正反面照片、营业执照、组织机构代码证、税务登记证和开户许可证,"五证"合一并提供统一社会信用代码,才能申请通过。

2)申请条件

(1) 没有被列入中国银联或各级政府及相关部门的不良信息系统。

(2) 持有工商部门核发的有效营业执照,商户持有有效税务登记证。

(3) 已有公章、财务章,已在银行开立对公结算账户。

(4) 有固定的经营场所,有一定的经营规模及持续经营能力。

3)申请流程

(1) 准备好相应材料之后,带齐"五证",前往银行申请POS机。

(2) 银行工作人员会核对相关的资料,并要求填写POS机申请表,按照内容进行填写即可。

(3) 填写完成后,工作人员会现场核对相关的材料,审核通过后审批完成,等待通知安装 POS 机,如有问题,会现场说明原因,按要求进行修改,直到符合要求为止。

2. POS 机交易操作

1）POS 机开机

长按"取消"键开机。在待机时,默认交易为"消费",可直接刷卡进行消费交易;按绿色的确认键,进入操作画面,按照提示进行操作。

2）POS 机签到

POS 机签到是 POS 机操作员在每天刷卡前必须进行的第一项操作,签到流程如图 4-32 所示。

图 4-32　POS 机签到流程

3）POS 机刷卡交易过程

刷卡交易过程如图 4-33 所示。本操作必须刷卡,如卡片有密码必须输入。打印出单据后,第一联商户存根由持卡人签字,商户核对签名后留存;第二联交持卡人留存。

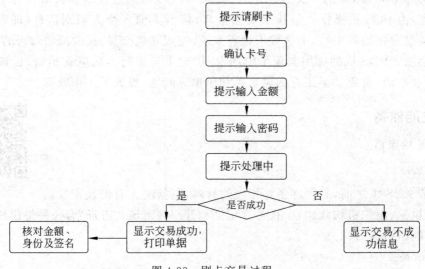

图 4-33　刷卡交易过程

小贴士

使用 POS 机进行消费时要注意以下事项。

① 注意核对金额。刷卡结束,打印单据,金额核对正确后方可请持卡人签名,如有错误则可以及时纠正(撤销交易重刷)。

② 核对身份及签名。请持卡人当面签名,并检查签名与卡背面预留的签名是否一致,如不相符请勿受理,如相符则将签购单的持卡人存根联、银行卡及相应票据一并交给持卡人,刷卡完成。

4）POS机撤销交易

在交易成功后，发现金额错误，或想取消此笔交易，选择撤销交易，根据屏幕提示操作。POS机撤销交易操作流程如图4-34所示。撤销操作针对当天还未进行POS机结算的交易，如果POS机已完成结算，则要进行退货交易。

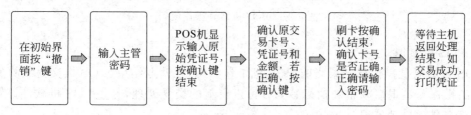

图4-34 POS机撤销交易操作流程

5）POS机退货交易

在结算完成后，经相关领导批准退货时进行此交易，由持卡人出示签购单，按提示操作即可，此交易必须刷卡，不需要密码。POS机退货交易操作流程如图4-35所示。

图4-35 POS机退货交易操作流程

6）POS机预授权

POS机预授权是指持卡人在宾馆、酒店等消费，特约商户通过POS机预先向发卡机构索要授权的行为，相当于商户对持卡人收取押金的操作，预授权的金额暂时被发卡机构冻结，商户和持卡人都无法使用，待结账后，实际消费金额会入账至商户账户，剩余金额将解冻。POS机预授权操作流程如图4-36所示。

图4-36 POS机预授权操作流程

7）POS机结算

操作员结束POS机工作之前，为了保证交易资金的准确清算，必须与中心结算对账。如果对账不平，POS机会自动上送。结算结束后，POS机打印结算总计单。打印的结算总计单上会显示总笔数和总金额。POS机结算操作流程如图4-37所示。

结算完成后，POS机自动签退，此时不能再执行任何交易。

8）POS机打印

在初始界面选择"打印"，其功能包括：①重打最后一笔；②重打任意一笔（仅限接受当日当批次交易数据，凭签购单凭证号打印）；③打印交易明细；④打印交易汇总。

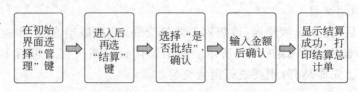

图 4-37   POS 机结算操作流程

9）POS 机签退

POS 机签退是操作员结束当前 POS 机工作状态，在营业结束、POS 机交易结算完成后需执行的操作。签退后须重新执行签到方可进行新的交易处理，有些 POS 机软件设置为在执行结算交易后自动签退。

4.2.3   实践训练

POS 机结算业务

POS 机结算业务

1）业务描述

2023 年 5 月 25 日，海洋公司下属门店对外零售取得 POS 机结算收入 11 300 元。31 日收到相应银行结算单及交易明细，POS 机费率为 6‰。这笔 POS 机收款业务应如何办理，出纳孙胜在该笔业务中的具体职责是什么？

2）业务工作过程及岗位对照

图 4-38 为 POS 机收款业务工作过程及岗位对照。

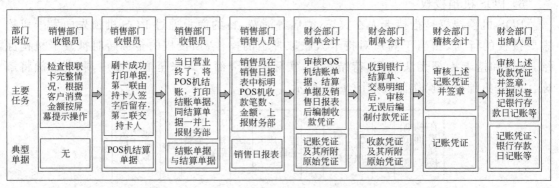

图 4-38   POS 机收款业务工作过程及岗位对照

3）业务操作流程

（1）5 月 25 日，收银员王一帆取得 POS 机取得刷卡收入 11 300 元。刷卡成功后打印签购单，如图 4-39 所示。第一联由持卡人签字后留存，第二联交持卡人。

（2）当日营业终了，王一帆将 POS 机结账，打印交易汇总单，如图 4-40 所示，同结算单据一并上报财务部。

（3）销售员卜郡丽在当日营业终了，将 POS 机收款笔数、金额在进销存系统导出的销售日报表（见表 4-3）中注明，经销售主管张艳芳确认后，上报财务部。

POS 签购单

商户名称：海洋电器股份有限公司
商户编号：28456621555DTRH
终端编号：51612344
操作员号：01
发卡行号：9262
收单行号：5826
卡号：956323******6921
交易类型：
消费（S）
有效期：2027.1
批次号：000001
凭证号：100056
授权码：
参考号：585245662566
日期/时间：2023/05/25 14:40:35
金额：
RMB11 300.00
备注：
持卡人签名：张三
本人确认以上交易，同意将其计入本卡账户
商户存根

图 4-39　POS 签购单

中国工商银行
交易汇总单

商户名称：海洋电器股份有限公司
商户编号：28456621555DTRH
终端编号：51612344
打印时间：2023/05/25 17:28:35
汇总时间：2023/05/25－2023/05/25

银联	笔数	金额
消费	1	11 300.00
银行卡合计	1	11 300.00

图 4-40　POS 机交易汇总单

表 4-3　海洋公司销售日报表

2023 年 5 月 25 日　　　　　　　　第 028 号

序号	商品编码	商品名称	规格型号	单位	数量	单价/元	金额/元	备注
1	161121	滚筒洗衣机	ax-001	台	1	5 650.00	5 650.00	现金
2	161321	波轮洗衣机	bh-031	台	1	3 390.00	3 390.00	现金
3	161616	全自动超豪华洗衣机	cl-025	台	1	11 300.00	11 300.00	POS 机刷银行卡
	合计						￥20 340.00	

销售主管：张艳芳　　　　　　出纳：孙胜　　　　　　　　复核：赵阳

（4）制单会计殷悦审核 POS 机结账单据、结算单据及销售日报表后编制记账凭证，如图 4-41 所示。

（5）制单会计殷悦收到银行结算单、交易明细后，审核无误后编制付款凭证，如图 4-42 所示。

（6）稽核会计赵阳审核记账凭证及所附原始凭证并在审核栏签章，如图 4-41 和图 4-42 所示。

（7）出纳孙胜对上述记账凭证审核后在出纳栏下加盖名章，如图 4-41 和图 4-42 所示。

（8）出纳孙胜根据记账凭证逐日逐笔登记银行存款、其他货币资金日记账，并将记账凭证交由会计人员登记总账和相关明细账。

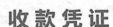

收 款 凭 证

收　字第 4　号

借方科目：其他货币资金　　　　　2023 年 05月 25日　　　　　附件3　张

对方单位	摘 要	贷 方 科 目		金 额										记账符号
		总账科目	明细科目	千	百	十	万	千	百	十	元	角	分	
	当天POS机交易单据入账	主营业务收入	洗衣机			1	0	0	0	0	0	0		☐
		应交税费	应交增值税（销项税额）				1	3	0	0	0	0		☐
														☐
														☐
														☐
银行结算方式及票号：			合 计	¥	1	1	3	0	0	0	0			☐

会计主管　　记账　　稽核 赵 阳　　出纳 孙 胜　制证 殷 悦

图 4-41　收款凭证

付 款 凭 证

付　字第 6　号

贷方科目：其他货币资金　　　　　2023 年 05月 25日　　　　　附件2　张

对方单位	摘 要	借 方 科 目		金 额										记账符号
		总账科目	明细科目	千	百	十	万	千	百	十	元	角	分	
	收到工商银行POS机结算单	银行存款	工商银行			1	0	6	2	2	0	0		☐
		财务费用	手续费						6	7	8	0	0	☐
														☐
														☐
														☐
银行结算方式及票号：			合 计	¥	1	1	3	0	0	0	0			☐

会计主管　　记账　　稽核 赵 阳　　出纳 孙 胜　　制证 殷 悦

图 4-42　付款凭证

（9）出纳孙胜每日终了结出银行存款日记账余额、其他货币资金日记账余额。

（10）会计机构内部指定专门人员配合出纳定期将银行存款日记账、其他货币资金日记账与银行对账单相核对，保证账实相符。

支付宝和 POS 机结算业务
课后题

项目5

票据结算业务

 学习目标

知识目标

1. 掌握支票的概念、种类以及出票的注意事项。
2. 掌握支票的背书和提示付款相关内容。
3. 了解支票退票的原因以及支票遗失的处理。
4. 掌握商业汇票的概念、种类、提示付款、贴现等相关内容。
5. 了解商业承兑汇票与银行承兑汇票的区别。
6. 了解商业汇票出票人的资质条件。

技能目标

1. 熟练操作转账支票正送和倒送收付款业务。
2. 熟练操作转账支票背书转让业务。
3. 能够办理转账支票退票和遗失业务。
4. 熟练操作商业汇票收付款业务。
5. 熟练操作商业汇票贴现业务。
6. 能够使用支票打印机。
7. 能够审核转账支票。
8. 熟练填制银行进账单。
9. 熟练办理电子商业汇票业务。

素质目标

1. 增强法律意识,培养知法、懂法、用法的职业品质。
2. 培养爱岗敬业、提高技能的会计职业道德。
3. 培养严谨细致的职业精神。

重点与难点

重点

1. 转账支票收付款业务账务处理及业务操作。

2. 商业汇票收付款业务账务处理及业务操作。

难点

贴现利息的计算。

项目引例

海洋公司 2023 年 5 月发生的部分票据业务如下：5 月 4 日，出纳孙胜根据零星支出等资金需求从开户银行提取现金 20 000 元；5 月 5 日，缴存超过库存现金限额的现金 1 331元；5 月 6 日，收到门店交来的电器现金零售款 11 300 元；5 月 7 日，销售业务员王超报销业务招待费 169.95 元，现金支付；5 月 13 日，采购业务员刘立辉预借差旅费 2 000 元，现金支付；5 月 20 日，收到崂山矿泉水公司归还的水桶押金 500 元。

5 月 25 日，从飞洋公司购进一批原材料（甲材料），取得的增值税专用发票上注明数量1 000 千克，单价 10 元，总货款 10 000 元，增值税 1 300 元。出纳孙胜签发了一张面额为11 300 元的转账支票给收款人据以支付货款。5 月 25 日，从飞海公司购进一批原材料（乙材料），取得的增值税专用发票上注明数量 5 000 千克，单价 4 元，总货款 20 000 元，增值税2 600 元。出纳孙胜签发了一张面额为 22 600 元的转账支票，并委托公司开户银行将款项划拨给收款人。

5 月 26 日，销售一批 A 产品给华洋商贸公司，销售部门开出的增值税专用发票上注明数量 10 台，单价 3 000 元，价格 30 000 元，增值税 3 900 元。同日收到华洋商贸公司签发的一张面额为 33 900 元的转账支票，据以办理转账结算，收取款项。5 月 26 日，销售一批 B 产品给华海商贸公司，销售部门开出的增值税专用发票上注明数量 20 台，单价 2 000 元，价格40 000 元，增值税 5 200 元。其开户银行收妥款项后通知海洋公司款已到账，并取得进账单收账通知。

5 月 19 日，海洋公司将 5 月 18 日收到的华正公司面额为 11 300 元的转账支票背书转让给华美公司，偿还前欠的购货款。5 月 20 日海洋公司收到银行退回的 19 日送交的支票，理由是华非公司存款账户没有足额的资金支付。5 月 23 日，海洋公司将签发的一张面额为30 000 元的现金支票遗失。

3 月 27 日，海洋公司从飞洋公司购进一批原材料（甲材料），取得的增值税专用发票上注明数量 2 000 千克，单价 10 元，总货款 20 000 元，增值税 2 600 元。双方协商以商业承兑汇票结算货款。5 月 27 日，海洋公司收到付款通知并及时通知开户银行付款。

3 月 28 日，海洋公司从飞海公司购进一批原材料（乙材料），取得的增值税专用发票上注明数量 4 000 千克，单价 4 元，总货款 16 000 元，增值税 2 080 元。双方协商以银行承兑汇票结算货款。5 月 28 日，海洋公司收到付款通知并及时通知开户银行付款。

3 月 27 日，海洋公司销售一批 A 产品给华洋商贸公司，销售部门开出的增值税专用发票上注明数量 20 台，单价 3 000 元，价格 60 000 元，增值税 7 800 元。双方协商采用商业承兑汇票办理结算。5 月 27 日，汇票到期，海洋公司根据商业汇票填写托收凭证办理商业承兑汇票到期收款。5月30日,海洋公司将其持有的4月30日签发、期限为2个月、面值为169 500元的商业承兑汇票向银行申请贴现,银行贴现率为6%。

以上业务均为票据结算业务,通过本项目的学习,同学们将系统掌握转账支票和商业汇票结算业务的办理。

5.1　支票付款业务

思维导图

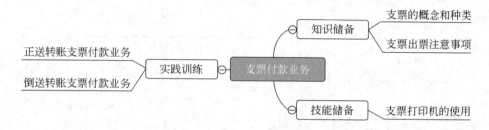

5.1.1　知识储备

企业因购买商品、接受劳务、清偿债务等发生的支出,除了《现金管理暂行条例》规定可以使用现金结算的业务外,均应按照银行支付结算办法的规定,通过银行进行转账结算。对于单位和个人在同一票据交换区域的各种款项结算,均可使用转账支票。2007年7月8日,中国人民银行宣布,支票可以实现全国范围内互通使用。转账支票结算的程序包括正送和倒送两种。无论采用哪种程序,通过转账支票支付业务都应取得相应的付款单据,由经办人签名,经主管和有关人员审核后,出纳人员才能据以付款。

1. 支票的概念和种类

支票是指出票人签发的、委托办理支票存款业务的银行在见票时无条件支付确定的金额给收款人或者持票人的票据。

支票的基本当事人包括出票人、付款人和收款人。

支票的概念和种类

支票分为现金支票、转账支票和普通支票三种:支票上印有"现金"字样的为现金支票,只能用于支取现金;支票上印有"转账"字样的为转账支票,只能用于转账;支票上未印有"现金"或"转账"字样的为普通支票,既可以用于支取现金,也可以用于转账。在普通支票左上角划两条平行线的,为划线支票,只能用于转账,不能支取现金。图5-1、图5-2为转账支票票样的正面和背面。

2. 支票出票注意事项

1) 签发支票必须记载的事项

(1) 表明"支票"的字样。

(2) 无条件支付的委托。

支票出票注意事项

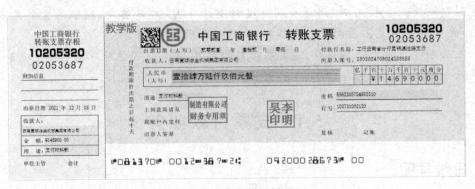

图 5-1　转账支票票样正面

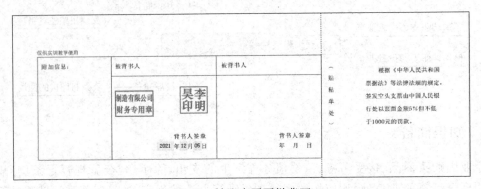

图 5-2　转账支票票样背面

（3）确定的金额。

（4）付款人名称。

（5）出票日期。

（6）出票人签章。

小贴士

（1）支票上未记载前款规定事项之一的，支票无效。

（2）票据金额、日期、收款人名称不得更改，更改的票据无效，应作废。作废的支票应在支票上注明"作废"字样，并妥善保管，不得撕毁。

考考你

支票上哪项内容表示"无条件支付的委托"？

2）授权补记事项

支票的金额、收款人名称可以由出票人授权补记，未补记前不得背书转让和提示付款。

3）相对记载事项

支票上未记载付款地的，付款人的营业场所为付款地；支票上未记载出票地的，出票人的营业场所、住所或者经常居住地为出票地。

4) 签发支票应遵循规范

(1) 按照支票簿上的支票号码顺序签发,不得跳页。

(2) 签发支票必须要素齐全、内容真实、数字正确、字迹清晰、不错漏、不潦草,防止涂改。

(3) 签发支票应使用碳素墨水或墨汁填写,中国人民银行另有规定的除外。

(4) 单位和银行的名称用全称,不得简写,单位和个人名称的填写要与其在银行开户的名称完全一致。

(5) 支票日期必须是签发当日,不准签发远期支票。票据的出票日期必须使用中文大写,使用小写填写的,银行不予受理。在填写月、日时,月为 1 月、2 月和 10 月的,日为 1 日至 9 日、10 日、20 日和 30 日的,应在其前加"零";日为 11 日至 19 日的,月为 11 月、12 月的,应在其前加"壹"。

(6) 付款行名称和出票人账号为出票单位开户行名称和银行账号。

(7) 大小写金额填写规范,大写金额数字到元或角为止的,在其后应写整或正字,有分的不写。大写金额栏货币名称与金额数字之间不得留有空白。小写金额数字前写"￥"符号,一律填写到角分,无角分的,角位和分位可写"00"或符号"—"。

(8) 支票若加密码,应于签发时填写本张支票的密码,不能提前加填支票的密码,不得签发密码错误的支票。支票的密码可以在单位购买支票时从开户银行随机取得,单位填写支票时,应在确认支付的支票"小写金额"栏下方的对应栏内填写该支票的密码;支票的密码也可以采用配置的密码机自动产生,由出纳人员在密码机上输入支票编号等信息后,密码机自动产生密码,将该密码填入"密码"栏,银行核对相符后方可办理款项转账与支现业务。

(9) 支票不得超过出票人付款时在付款人处实有的存款余额,否则为空头支票,禁止签发空头支票。如果签发了空头支票,中国人民银行将处以票面金额 5% 但不低于 1 000 元的罚款;持票人有权要求出票人赔偿支票金额 2% 的赔偿金。

5) 预留银行印鉴签盖规范

单位银行预留印鉴不得由一人保管,必须遵循内部控制制度,由不同的人员分别保管,同时要贯彻票印分管原则,空白支票和印章也不能由一人负责保管,以防止舞弊行为发生。公司的预留印鉴通常为财务专用章和法定代表人名章,分别由会计机构负责人和单位负责人(或其授权代理人)保管。在收到支票后首先进行审核,如发现有遗漏的内容,应由出纳补充完整;有错误的内容,如日期、金额填写不规范、不正确,支票作废;有涂改的地方,支票也作废,需重新填写一张正确的支票。

签章时,出票人为单位的,支票上出票人的签章为与该单位在银行预留印鉴一致的财务专用章或者公章,以及其法定代表人或其授权的代理人的签名或盖章;出票人为个人的,为与该个人在银行预留印鉴一致的签名或者盖章。

支票上加盖的印章必须清晰,若印章模糊,该张支票也要作废。支票出票人的预留银行印鉴是银行审核支票付款的依据。出票人不得签发与其预留银行印鉴不符的支票,否则,银行不仅会将支票作废退回,还会处以票面金额 5% 但不低于 1 000 元的罚款;持票人有权要求出票人赔偿支票金额 2% 的赔偿金。

5.1.2 技能储备

支票打印机的使用

支票打印机的使用

支票的签发还可以通过支票打印机来完成，下面简单介绍支票打印机的优点、类型及应用。

1）支票打印机的优点

出纳人员可配备支票打印机来完成支票打印、填制工作，以达到准确、快捷、规范填制票据的效果。自动支票打印机具有下列优点：①打印规范，完全符合《支付结算办法》的规定；②操作简单、方便，签发支票时，只需通过键盘输入所需年、月、日和金额的阿拉伯数字，打印机液晶屏便会显示，便于出纳人员进行核对；③可防篡改、耐保存，支票打印机采用特制油墨，字迹清晰，具有凹凸感，且不怕水、酸、碱，可以长期保存。

2）支票打印机的类型及应用

支票打印机有简易型和智能型两大类，简易型支票打印机（见图5-3）是专门用于支票的打印机，智能型支票打印机（见图5-4）可通过支票打印软件进行支票打印，同时具备打印其他文档的功能。

图5-3　简易型支票打印机

图5-4　智能型支票打印机

简易型支票打印机一般只能打印支票的日期、金额大小写和密码三项，由于每打一项都需要重新定位支票，所以操作麻烦一些。首先要理解支票定位，明确要打印哪一项，先定位该项，然后才能打印。简易型支票打印机的日期和金额打印一般是通过支票的金额小写框来定位的。打印日期时，先将支票金额小写框与打印机的日期定位框对齐，然后输入日期，按打印日期键，完成支票日期打印；打印金额时，先将支票的金额小写框与打印机的金额定位框对齐，然后输入金额，按打印金额键，完成支票金额打印。最后一项是支票密码，这个操作与前两项略有不同，即用支票的密码框和打印机的密码框对齐，先按一下密码键，输入支票密码，再按一下密码键，就可以打印密码了。可见，简易型支票打印机虽然成本较低，但在使用过程中需要出纳人员认真地对齐打印内容，稍有不慎，就会造成打印失败，因此为提高工作效率，单位应尽量选购智能型支票打印机。

智能型支票打印机不仅可以打印支票，还可以打印收据等相关的票据。与简易型支票打印机不同的是，智能型支票打印机可以打印支票的全部信息，使用起来更加简便。智能型支票打印机可以通过USB或串口与计算机相连，通过软件控制打印支票。常用信息可存储，调用简单，只要用鼠标点击几下，一张支票就打印好了。智能型支票打印机的使用一般分为以下几个步骤：①安装支票打印软件；②确定打印机处于正常工作状态，已连接好计算机，并将支票放入打印机中；③打开事先安装的支票打印机软件，启动支票打印系统，选择支票；④在出现的界面中输入收款人、金额、用途、密码等信息，单击打印即可。

5.1.3 实践训练

小贴士

转账支票可采用正送和倒送两种形式办理收付款业务。正送转账支票是指由付款方出纳人员签发支票交给收款方，并由收款方出纳人员送至收款人开户银行办理转账结算的支票结算方式。倒送转账支票是指由付款方出纳人员签发支票后送至其开户银行办理转账结算的支票结算方式。下面将分别介绍正送转账支票付款业务和倒送转账支票付款业务。

1. 正送转账支票付款业务

1）业务描述

2023 年 5 月 25 日，海洋公司从飞洋公司购进一批原材料（甲材料），取得的增值税专用发票上注明数量 1 000 千克，单价 10 元，总货款 10 000 元，增值税 1 300 元。出纳孙胜签发了一张面额为 11 300 元的转账支票，由采购员郑天乐交给收款人据以支付货款。这是一笔正送转账支票付款业务，该业务具体应如何办理，出纳孙胜在该笔业务中的具体职责是什么？

正送转账支票
付款业务

2）业务工作过程及岗位对照

图 5-5 为正送转账支票付款业务工作过程及岗位对照。

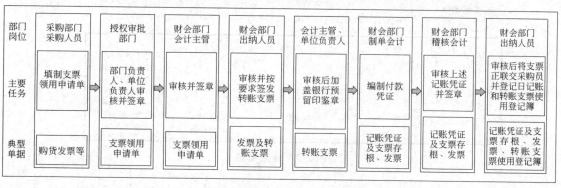

图 5-5 正送转账支票付款业务工作过程及岗位对照

3）业务操作流程

（1）采购员郑天乐根据收到的购货发票等单据填制支票领用申请单并签章，如图 5-6 所示。

（2）将支票领用申请单及购货发票等交主管领导赵辉、单位负责人周正和会计主管刘毅审核，批准后，在支票领用申请单上签章，如图 5-6 所示。

（3）将审批后的支票领用申请单及购货发票等交出纳孙胜，出纳对其审核，如金额、用途是否正确，相关内容是否填制完整，签章是否齐全，尤其是发票上是否有销货单位的公章等，审核无误后按要求签发转账支票，如图 5-7 所示。

（4）出纳孙胜将转账支票交给会计主管刘毅，审核后加盖银行预留印鉴——财务专用

支票领用申请单

2023 年 05 月 25 日　　　编号 001

部门	采购部门	项目名称	采购原材料	预算科目	原材料
收款单位	飞洋公司				
支票用途	支付材料采购款				
支票金额	人民币（大写）　壹万壹仟叁佰元整			¥11 300.00	
（财务填写）支票归属行	中国工商银行李沧支行			支票号码	00715660
备注：					
领导批示	周正	会计主管	刘毅	部门主管	赵辉

会计　　　　　　　　　　　出纳　孙胜　　　　　　　　领款人　郑天乐

图 5-6　支票领用申请单

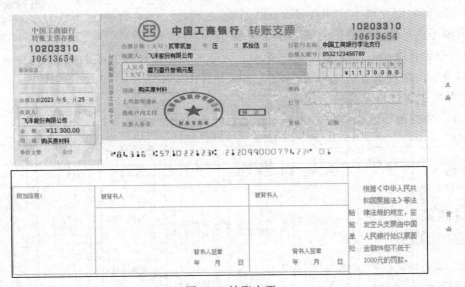

图 5-7　转账支票

章；交给单位负责人周正，审核后加盖银行预留印鉴——法人名章，如图 5-7 所示。

（5）出纳孙胜将转账支票的存根撕下，连同购货发票、入库单等传递给制单会计殷悦，制单会计核对购货发票与支票相关项目内容，审核无误后据以编制银行存款付款凭证，并签章，如图 5-8 所示。

（6）稽核会计赵阳审核记账凭证及其所附原始凭证并签章，如图 5-8 所示。

（7）出纳孙胜对上述付款凭证进行再审核后签章，将支票的正联交给采购员郑天乐，在购货发票上加盖"付讫"章，并登记转账支票使用登记簿，如图 5-9 所示，由领用人和批准人签章。

（8）出纳孙胜根据付款凭证逐日逐笔登记银行存款日记账，并将付款凭证交由会计人员登记总账和相关明细账。

（9）出纳孙胜每日终了结出银行存款日记账余额。

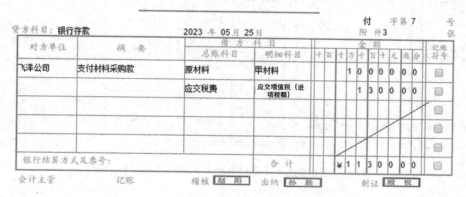

图 5-8 付款凭证

转账支票使用登记簿

日期	购入支票号码	使用支票号码	领用人	金额	用途	备注
2023.05.25		000715660	郑天乐	¥11 300.00	购买原材料	

图 5-9 转账支票使用登记簿

（10）会计机构内部指定专门人员配合出纳定期将银行存款日记账与银行对账单相核对，保证账实相符。

2. 倒送转账支票付款业务

1）业务描述

2023 年 5 月 25 日，海洋公司从飞海公司购进一批原材料（乙材料），取得的增值税专用发票上注明数量 5 000 千克，单价 4 元，总货款 20 000 元，增值税 2 600 元。出纳孙胜签发了一张面额为 22 600 元的转账支票，并委托公司开户银行将款项划拨给收款人。这是一笔倒送转账支票付款业务，该业务具体应如何办理，出纳孙胜在该笔业务中的具体职责是什么？

2）业务工作过程及岗位对照

图 5-10 为倒送转账支票付款业务工作过程及岗位对照。

3）业务操作流程

（1）采购员郑天乐根据收到的购货发票等单据填制支票领用申请单，并签章，如图 5-11 所示。

（2）将支票领用申请单及购货发票等交主管领导赵辉、单位负责人周正和会计主管刘毅审核，批准后，在支票领用申请单上签章，如图 5-11 所示。

（3）将审批后的支票领用申请单及购货发票等交出纳孙胜，出纳对其审核，如金额、用途是否正确，相关内容是否填制完整，签章是否齐全，尤其是发票上是否有销货单位的公章等，审核无误后按要求签发转账支票，如图 5-12 所示。

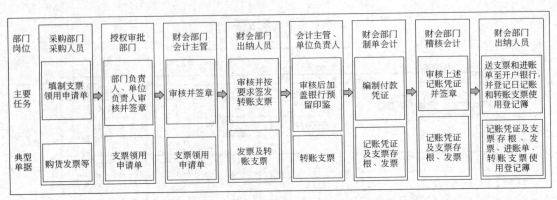

图 5-10　倒送转账支票付款业务工作过程及岗位对照

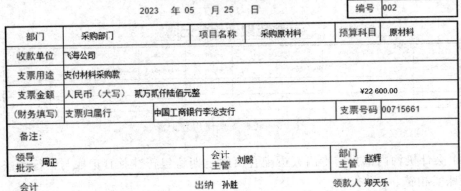

图 5-11　支票领用申请单

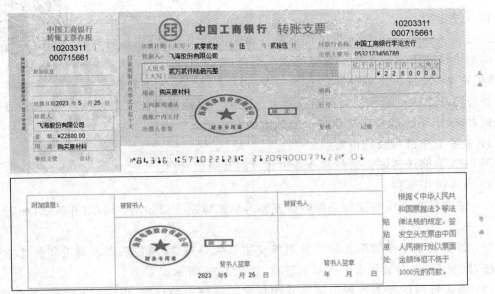

图 5-12　转账支票

（4）出纳孙胜将转账支票交给会计主管刘毅，审核后加盖银行预留印鉴——财务专用章；交给单位负责人周正，审核后加盖银行预留印鉴——法人名章，如图 5-12 所示。与正送转账支票付款业务不同的是，除在支票正面加盖银行预留印鉴外，还需在支票背面"背书人签章"处加盖预留印鉴，并填写日期。

（5）出纳孙胜将转账支票的存根撕下，连同购货发票、入库单等传递给制单会计殷悦，制单会计核对购货发票与支票相关项目内容，审核无误后据以编制银行存款付款凭证，并签章，如图 5-13 所示。

付款凭证

贷方科目：银行存款			2023 年 05 月 25 日						付 字第 8 号 附件4 张						
对方单位	摘要	借方科目		金额											记账符号
		总账科目	明细科目	千	百	十	万	千	百	十	元	角	分	
飞海公司	支付材料采购款	原材料	乙材料			2	0	0	0	0	0	0		☐
		应交税费	应交增值税（进项税额）				2	6	0	0	0	0		☐
														☐
银行结算方式及票号：			合 计	¥		2	2	6	0	0	0	0		☐

会计主管　　记账　　稽核 赵阳　　出纳 孙胜　　制证 殷悦

图 5-13 付款凭证

（6）稽核会计赵阳审核记账凭证及其所附原始凭证并签章，如图 5-13 所示。

（7）出纳孙胜对上述付款凭证进行再审核并签章，无误后根据支票填制一式三联进账单，如图 5-14 所示，将进账单和支票正联送本单位开户银行提示付款。

小贴士

出纳到银行办理付款，只凭一张转账支票，银行无法获取足够信息办理转账，因此出纳还需要填写一张辅助单据——进账单。进账单能够记载出票人和收款人的全称、账号及开户银行的信息及两者间的资金结算关系等内容，为银行办理转账提供全面的信息。

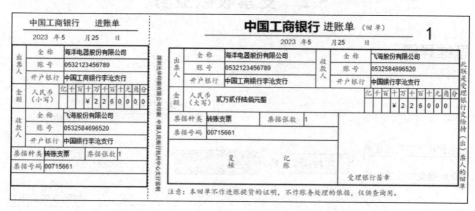

图 5-14 进账单

（8）开户银行审核无误后，在进账单第一联签章并退回单位，出纳孙胜在购货发票上加盖"付讫"章。单位收到银行签章退回的进账单第一联，表示已办妥手续，银行接受委托，同意将款项划拨给指定的收款人。

知识延伸

开户银行审核转账支票的要点

开户银行收到转账支票后，要对其进行审核，如果出现如下情况应退票。

① 出票人存款不足，出现空头支票。

② 支票上的签章与银行预留印鉴不符。

③ 密码支票中未填密码或密码错误。

④ 填写不规范、已涂改、超过付款期限等。

其中前三种情况，除退票外，银行还按票面金额处以 5% 但不低于 1 000 元的罚款。

（9）出纳孙胜登记转账支票使用登记簿，如图 5-15 所示，由领用人和批准人签章。

转账支票使用登记簿

日期	购入支票号码	使用支票号码	领用人	金额	用途	备注
2023.5.25		00715660	郑天乐	¥11 300.00	购买原材料	
2023.5.25		00715661	郑天乐	¥22 600.00	购买原材料	

图 5-15　转账支票使用登记簿

（10）出纳孙胜根据付款凭证逐日逐笔登记银行存款日记账，并将付款凭证交由会计人员登记总账和相关明细账。

（11）出纳孙胜每日终了结出银行存款日记账余额。

（12）会计机构指定的专门人员定期将银行存款日记账与银行对账单相核对，保证账实相符。

5.2　支票收款业务

 **思维导图**

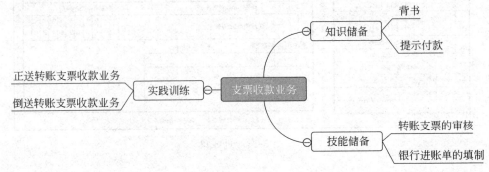

背书

5.2.1　知识储备

1. 背书

1）背书的概念和种类

背书是指持票人为将票据权利转让给他人或者将一定的票据权利授予他人行使,而在票据背面或者粘单上记载有关事项并签章的行为。背书按照目的不同分为转让背书和非转让背书:转让背书以持票人将票据权利转让给他人为目的;非转让背书是将特定的票据权利授予他人行使,包括委托收款背书和质押背书。无论何种目的,都应当记载背书事项并交付票据。委托收款背书的被背书人不得再以背书转让票据权利。

2）背书的记载事项

（1）必须记载事项

背书的必须记载事项包括背书人签章和被背书人名称,如图 5-16 所示。

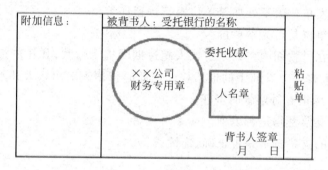

图 5-16　委托收款背书的必须记载事项

背书人未记载被背书人名称即将票据交付他人的,持票人在被背书人栏内记载自己的名称与背书人记载具有同等法律效力。

委托收款背书和质押背书还应当记载"委托收款""质押"字样。

（2）相对记载事项

背书的相对记载事项为背书日期。背书未记载日期的,视为在票据到期日前背书,即未记载适用法律推定。

2. 提示付款

票据持有人向银行提交票据并要求银行付款的行为叫作提示付款,提示付款期就是提示付款的有效期。持票人未在提示付款期内提示付款的,票据作废。

支票的提示付款期为 10 天,即支票的持票人从出票日起 10 日内可以向银行提示付款,过期作废;异地使用的支票,其提示付款的期限由中国人民银行另行规定。

在正送转账支票收款业务中,转账支票有两种提示付款的途径:①持票人委托自己的开户银行收款,此时应作委托收款背书(在支票背面背书人签章栏内签章、记载"委托收款"字样、背书日期、在被背书人栏记载开户银行名称),并将支票和填制的进账单送交开户银行;②持票人直接向付款银行提示付款,此时持票人应在支票背面背书人签章栏签章,并将支票和填制的进账单送交出票人开户银行。

小贴士

现金支票仅限于收款人向付款人提示付款，因为现金支票不得背书转让。

5.2.2 技能储备

1. 转账支票的审核

为避免收进假支票或无效支票，对转账支票的审核应从以下几方面进行。

（1）支票应记载事项是否齐全。

（2）支票要素是否按规范的要求填写清楚、齐全，尤其注意出票日期是否为大写，大小写金额填写是否正确，两者是否相符。

（3）票面有无污损、涂改。

（4）是否在签发单位盖章处加盖单位银行预留印鉴。

（5）支票收款单位是否为本单位。

（6）支票是否在付款期内。如果持票人超过期限提示付款，其开户银行不予受理，付款人不予付款，持票人丧失对其前手的追索权。但此时持票人对出票人并不丧失追索权，出票人仍应当对持票人承担支付票款的责任。

（7）有密码的支票密码是否填列。

（8）背书转让的支票背书是否正确、连续。

2. 银行进账单的填制

进账单共三联（见图 5-17）：第一联是回单，此联是受理银行交给持（出）票人的回单；第二联是贷方凭证，此联由收款人开户银行作贷方凭证；第三联是收账通知，此联是收款人开户银行交给收款人的收账通知。

银行进账单的填制

1）填制要点

进账单的填制规范如图 5-18 所示。

（1）票据日期：进账单的日期。

（2）出票人全称：开具支票的单位全称。

（3）出票人账号：支票上显示的单位账号。

（4）出票人开户银行：支票上显示的单位开户银行。

（5）收款人全称：本公司全称。

（6）收款人账号：本公司账号。

（7）收款人开户银行：本公司开户银行。

（8）大写金额：按照支票上的金额进行填写。

（9）小写金额：按照支票上的金额进行填写。

（10）票据种类：按照支票上显示的票据种类填写。

（11）票据张数：按照实际票据张数填写。

××××银行 进账单（回单）

年　月　日

出票人	全　称		收款人	全　称	
	账　号			账　号	
	开户银行			开户银行	
金额	人民币（大写）				亿千百十万千百十元角分
票据种类		票据张数			
票据号码					

复核　　　记账　　　　　　　　　　开户银行签章

××××银行 进账单（贷方凭证）

年　月　日

出票人	全　称		收款人	全　称	
	账　号			账　号	
	开户银行			开户银行	
金额	人民币（大写）				亿千百十万千百十元角分
票据种类		票据张数			
票据号码					
备注：					

复核　　　记账

××××银行 进账单（收账通知）

年　月　日

出票人	全　称		收款人	全　称	
	账　号			账　号	
	开户银行			开户银行	
金额	人民币（大写）				亿千百十万千百十元角分
票据种类		票据张数			
票据号码					

复核　　　记账　　　　　　　收款人开户银行签章

图 5-17　进账单

（12）票据号码：按照支票右上角的号码填写。

2）填写步骤

（1）核对进账单的编号，顺序为第 2 联放在第一页，第 3 联放在中间，第 1 联放最后一页。

（2）按照支票上的出票人签章，填写出票人的信息。

（3）填写收款人的信息及金额（注意小写金额前面要加人民币符号"￥"）。

（4）填写票据种类、张数和号码。

（5）填写当天进账日期（日期小写即可）。

进账单 （回单）

①年 月 日					
出票人	全 称	②	收款人	全 称	⑤
	账 号	③		账 号	⑥
	开户银行	④		开户银行	⑦
金额	人民币（大写）	⑧	亿 千 百 十 万 千 百 十 元 角 分 ⑨		
票据种类	⑩	票据张数	⑪		
票据号码	⑫				
复核 记账		受理银行签章			

此联是受理银行交给持（出）票人的回单

注意：本回单不作进账提货的证明，不作账务处理的依据，仅供查询用。

图 5-18　进账单的填制规范

5.2.3　实践训练

1. 正送转账支票收款业务

正送转账支票
收款业务

1）业务描述

2023 年 5 月 26 日，海洋公司销售一批 A 产品给华洋商贸公司，销售部门开出的增值税专用发票上注明数量 10 台，单价 3 000 元，价格 30 000元，增值税 3 900 元。同日销售员卜邵丽收到华洋商贸公司签发的一张面额为 33 900 元的转账支票，卜邵丽将其转交财务部门，据以办理转账结算，收取款项。

这是一笔正送转账支票收款业务，该业务具体应如何办理，出纳孙胜在该笔业务中的具体职责是什么？

2）业务工作过程及岗位对照

图 5-19 为正送转账支票收款业务工作过程及岗位对照。

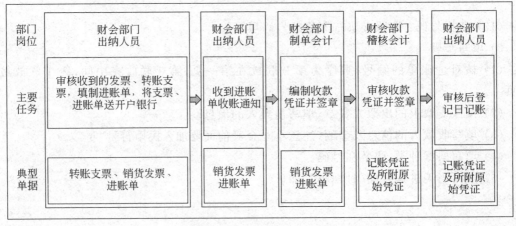

部门岗位	财会部门出纳人员	财会部门出纳人员	财会部门制单会计	财会部门稽核会计	财会部门出纳人员
主要任务	审核收到的发票、转账支票，填制进账单，将支票、进账单送开户银行	收到进账单收账通知	编制收款凭证并签章	审核收款凭证并签章	审核后登记日记账
典型单据	转账支票、销货发票、进账单	销货发票进账单	销货发票进账单	记账凭证及所附原始凭证	记账凭证及所附原始凭证

图 5-19　正送转账支票收款业务工作过程及岗位对照

3）业务操作流程

（1）出纳孙胜收到已由稽核会计赵阳审核的销货发票(见图 5-20)和转账支票(见图 5-21、图 5-22),进行再审核。

1165633636 增值税专用发票 NO84665626

开票日期：2023年5月26日

购买方	名称：华洋商贸公司 纳税人识别号：123700004752005276 地址、电话：中国工商银行李沧支行 1132545258525 开户行及账号：中国工商银行李沧支行 1132545258525				密码区	67/*+3*0/611*++0/+0*/*+3+2/9 *11*+66666**066611*+66666* 1**+216***6000*261*2*4/*547 203994+-42*64151*6915361/3*	
货物或应税劳务、服务名称	规格型号	单位	数量	单价	金额	税率	税额
A产品		台	10	3000.00	30000.00	13%	3900
合计					¥ 30000		¥ 3900
价税合计（大写）	⊗叁万叁仟玖佰元整				（小写） ¥ 33900.00		
销售方	名称：海洋电器股份有限公司 纳税人识别号：91370211258774278E 地址、电话：山东省青岛市李沧区九水路001号 0532-12344321 开户行及账号：中国工商银行李沧支行0532123456789				备注		

收款人： 复核： 开票人：曹正 销售方：章

第一联：记账联 销售方记账凭证

收讫

图 5-20 销货发票

中国工商银行 转账支票 10203310 10613654

出票日期（大写）贰零贰叁 年 伍 月 贰拾伍 日 付款行名称：中国工商银行李沧支行

收款人：海洋电器股份有限公司 出票人账号：1132545258525

人民币（大写）叁万叁仟玖佰元整

亿	千	百	十	万	千	百	十	元	角	分
			¥	3	3	9	0	0	0	0

付款期限自出票之日起十天

用途 支付购货款 密码

上列款项请从 我账户内支付 行号

出票人签章 财务专用章 黄海印生

复核 记账

⑈84316 ⑆571022123⑆ 212099000774221⑈ 01

图 5-21 转账支票正联正面

附加信息：	被背书人	被背书人	贴粘单处
	背书人签章 年 月 日	背书人签章 年 月 日	

根据《中华人民共和国票据法》等法律法规的规定，签发空头支票由中国人民银行处以票面金额5%但不低于1000元的罚款。

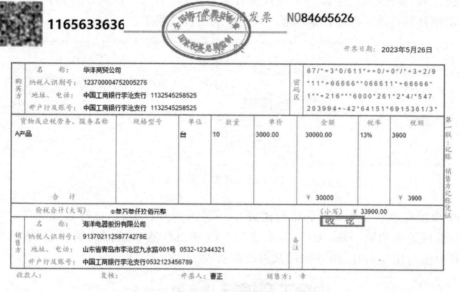

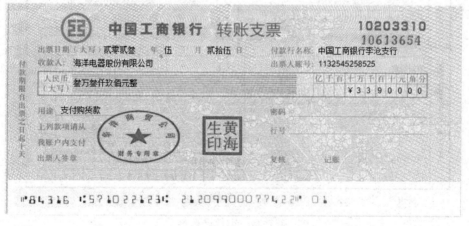

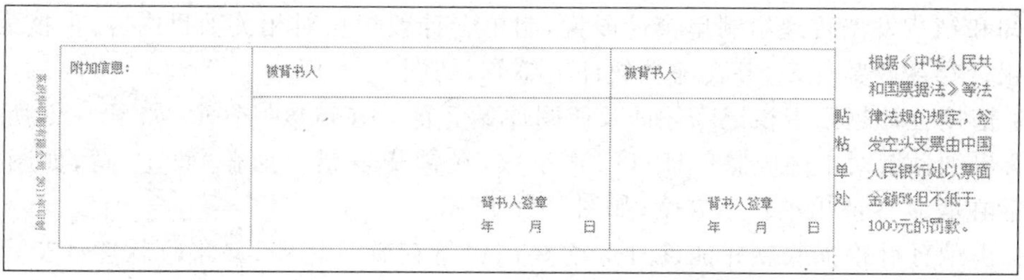

图 5-22 转账支票正联背面

（2）审核无误后，出纳孙胜在支票背面作委托收款背书，委托本单位开户银行收款。出纳孙胜将支票交给会计主管刘毅，由其审核后在支票背面"背书人签章"栏加盖财务专用章，交给单位负责人周正（或其授权人员），审核后在"背书人签章"栏加盖法人名章，出纳孙胜在支票背面记载"委托收款"字样并填写背书日期，在被背书人栏记载开户银行名称，如图 5-23 所示。出纳孙胜还需要根据支票填写一式三联的银行进账单。

图 5-23　转账支票背书

（3）出纳孙胜将转账支票和银行进账单一起送其开户银行，办理转账手续。银行审核签章后，退回进账单第一联，如图 5-24 所示。收到银行签章退回的第一联，表示已办妥手续，其开户银行接受委托，同意向付款人收取款项。

中国工商银行 进账单 （回单）

2023 年5 月26 日

出票人	全称	华洋商贸公司	收款人	全称	海洋电器股份有限公司
	账号	1132545258525		账号	0532123456789
	开户银行	中国工商银行李沧支行		开户银行	中国工商银行李沧支行

金额	人民币（大写）	叁万叁仟玖佰元整	亿	千	百	十	万	千	百	十	元	角	分
							3	3	9	0	0	0	0

票据种类	转账支票	票据张数	1	
票据号码	10613654			中国工商银行 李沧支行 2023.05.26 受理凭证章
复核　　　记账				受理银行签章

注意：本回单不作递账提货的证明，不作账务处理的依据，仅供查询用。

图 5-24　银行进账单

（4）出纳孙胜收到开户银行签章后退回的进账单第三联收账通知，如图 5-25 所示。将收账通知和销货发票传递给制单会计殷悦，制单会计殷悦核对相关项目内容，审核无误后据以编制银行存款收款凭证，并在收款凭证上签章，如图 5-26 所示。

（5）稽核会计赵阳审核记账凭证及所附原始凭证并在审核栏签章，如图 5-28 所示。

（6）出纳孙胜对上述收款凭证进行再审核，在销货发票上加盖"收讫"章，如图 5-20 所示。然后在收款凭证出纳栏下签章，如图 5-28 所示。

（7）出纳孙胜根据收款凭证逐日逐笔登记银行存款日记账，并将收款凭证交由会计人员登记总账和相关明细账。

图 5-25 银行进账单收账通知

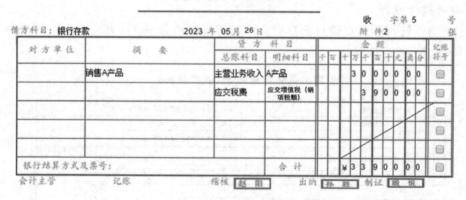

图 5-26 收款凭证

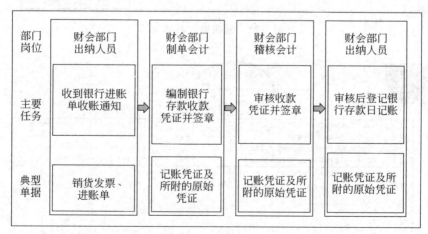

图 5-27 倒送转账支票收款业务工作过程及岗位对照

（8）出纳孙胜每日终了结出银行存款日记账余额。

（9）会计机构内部指定专门人员配合出纳定期将银行存款日记账与银行对账单相核对，保证账实相符。

2. 倒送转账支票收款业务

1）业务描述

2023 年 5 月 26 日，海洋公司销售一批 B 产品给华海商贸公司，销售部门开出的增值税专用发票上注明数量 20 台，单价 2 000 元，价格 40 000 元，增值税 5 200 元。华海商贸公司向其签发了一张面额为 45 200 元的转账支票据以支付货款，海洋公司未直接收到该支票。其开户银行收妥款项后通知海洋公司款已到账，出纳孙胜取得进账单收账通知。

这是一笔倒送转账支票收款业务，该业务具体应如何办理，出纳孙胜在该笔业务中的具体职责是什么？

2）业务工作过程及岗位对照

图 5-27 为倒送转账支票收款业务工作过程及岗位对照。

3）业务操作流程

（1）出纳孙胜收到开户银行签章后退回的进账单收账通知（见图 5-28），将收账通知和销货发票（见图 5-29）核对。

倒送转账支票
收款业务

中国工商银行进账单（收账通知）

2023 年 5 月 26 日

出票人	全 称	华海商贸公司	收款人	全 称	海洋电器股份有限公司
	账 号	1526423986325		账 号	0532123456789
	开户银行	中国工商银行崂山支行		开户银行	中国工商银行李沧支行

金额	人民币（大写）	肆万伍仟贰佰元整	千	百	十	万	千	百	十	元	角	分
						￥	4	5	2	0	0	0

票据种类	转账支票	票据张数	1
票据号码	10613654		

复核　　　　记账

收款人开户银行盖章

此联是收款人开户银行交给收款人的收账通知

图 5-28　进账单收账通知

图 5-29　销货发票

（2）核对无误后，将发票和进账单收账通知传递给制单会计殷悦，殷悦核对相关项目内容，审核无误后据以编制银行存款收款凭证，并在收款凭证上签章，如图5-30所示。

收款凭证

借方科目：**银行存款**		2023 年 05 月 26 日			收　字第 6 　号 附件 2 　张										
对方单位	摘　要	贷方科目		金　额										记账符号
		总账科目	明细科目	千	百	十	万	千	百	十	元	角	分	
	销售B产品	主营业务收入	B产品			4	0	0	0	0	0	0	0	☐
		应交税费	应交增值税（销项税额）				5	2	0	0	0	0	0	☐
														☐
														☐
														☐
银行结算方式及票号：			合　计		￥	4	5	2	0	0	0	0	0	☐
会计主管	记账	稽核 赵 阳	出纳 孙 胜	制证 殷 悦										

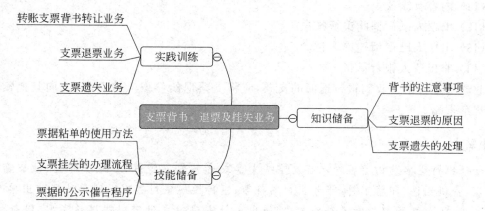

图 5-30　收款凭证

（3）稽核会计赵阳审核记账凭证及所附原始凭证并在复核栏签章，如图5-30所示。

（4）出纳孙胜对上述记账凭证进行再审核，在销货发票上加盖"收讫"章，如图5-29所示；根据记账凭证逐日逐笔登记银行存款日记账，在记账凭证出纳栏下签章，如图5-30所示，并将记账凭证交由会计人员登记总账和相关明细账。

（5）出纳孙胜每日终了结出银行存款日记账余额。

（6）会计机构指定的专门人员定期将银行存款日记账与银行对账单相核对，保证账实相符。

5.3　支票背书、退票及挂失业务

 思维导图

- 转账支票背书转让业务
- 支票退票业务
- 支票遗失业务

　　实践训练

支票背书、退票及挂失业务

　　知识储备
- 背书的注意事项
- 支票退票的原因
- 支票遗失的处理

- 票据粘单的使用方法
- 支票挂失的办理流程
- 票据的公示催告程序

　　技能储备

5.3.1 知识储备

1. 背书的注意事项

支票一律记名，转账支票的收款人或持票人可以通过背书将票据权利转让给他人或者将一定的票据权利授予他人行使，但用于支取现金的支票不得背书转让。用以背书转让的支票，背书应当连续。背书连续是指在票据转让中，转让支票的背书人与受让支票的被背书人在支票上的签章依次前后衔接，即第一次背书的背书人为票据的收款人，第二次背书的背书人为第一次背书的被背书人，依次类推。背书不得附有条件，背书附有条件的，所附条件不具有票据上的效力。将支票金额的一部分转让的背书或者将支票金额分别转让给两人及以上的背书无效。

2. 支票退票的原因

支票退票是指由于支票的内容记载不完整、书写不规范、付款单位存款数额不足以支付票款等原因，出票人开户银行认为该支票的款项不能进入收款人账户，并将支票退还持票人的情况。

支票退票的原因主要有以下内容。

（1）出票人存款不足，出现空头支票。

（2）出票人签章与预留银行印鉴不符。

（3）密码支票中未填密码或密码填写错误。

（4）远期支票。

（5）票据内容未使用碳素墨水或墨汁书写，如使用圆珠笔填写。

（6）最后持票人与委托收款背书不符。

（7）超出出票人的放款批准额度或经费限额。

（8）未填写收款人或收款人填写错误。

（9）超过提示付款期限。

（10）日期为小写。

（11）内容有涂改。

（12）出票人已撤销此银行账户。

（13）出票人已申请挂失止付。

（14）非出票人银行承付。

收款人或持票人收到银行退回的支票，应将支票退给签发人或背书人，向其追索票款，并按规定索赔。

 小贴士

如果银行退票是由于签发人签发空头支票或者签发不规范，如缺少印鉴、缺少密码、账号错误、密码错误、印鉴不符、账号账户不符等，银行按规定对签发人给予处罚。出票人签发空头支票、印章与预留印鉴不符的支票、使用支付密码但支付密码错误的支票，银行按票面金额对其处以5‰但不低于1 000元的罚款；对屡次签发这种支票的，应根据情节轻重，在处罚的同时给予警告、通报批评，直至停止其向收款人签发支票的权利。

3. 支票遗失的处理

《中华人民共和国票据法》规定,票据丧失后的权利补救措施有以下三种。

1）挂失止付

挂失止付是指失票人将票据丧失的情况通知付款人,接受挂失通知的付款人暂停支付,以防票据款项被他人取得的一种补救措施。根据规定,已签发的现金支票遗失,可以向银行申请挂失;挂失前已经支付的,银行不予受理。已签发的转账支票遗失,银行不受理挂失,但可以请收款单位协助防范。空白现金支票、空白转账支票遗失,银行不受理挂失。

考考你

为什么已签发的转账支票遗失,银行不予受理?

2）公示催告

公示催告是在票据丧失后,由失票人向法院提出申请,请求法院以公告的方法通知不确定的利害关系人限期申报权利,逾期未申报者则权利丧失,由法院通过除权判决宣告所丧失的票据无效的一种制度或程序。

3）普通诉讼

普通诉讼是指丧失票据的失票人直接向人民法院提起民事诉讼,要求法院判令付款人向其支付票据金额的活动。

小贴士

挂失止付是一种对票据丧失的临时补救措施,不是票据丧失后权利补救的必经程序,其效力是暂时的和有限的。因此,失票人应在通知挂失止付的次日起3日内向人民法院申请公示催告或提起诉讼。失票人也可以不采取挂失止付,直接向法院申请公示催告或提起诉讼。

5.3.2 技能储备

1. 票据粘单的使用方法

《中华人民共和国票据法》第二十八条规定:"票据凭证不能满足背书人记载事项的需要,可以加附粘单,粘附于票据凭证上。粘单上的第一记载人,应当在汇票和粘单的粘接处签章。"

银行里一般提供现成的粘单,可以复印,也可以自制。粘单一般与票据大小一样,分为两栏。粘单与粘单之间,粘单与票据之间要盖骑缝章(即印鉴章)。粘单上的盖章应为下一家(右边)被背书人的盖章。

票据粘单的正确粘贴方法如下。

（1）制作一张符合规定样式和尺寸的粘单。

（2）用少量胶水涂抹粘单无字一面的左边边缘。

（3）将粘单粘贴于支票背面的"贴粘单处",粘单左边边缘应距离"贴粘单处"的虚线1cm左右,留下足够空间,便于盖骑缝章。

小贴士

在粘单上再贴粘单时,遵循同样的规则。贴粘单时,应该使粘单贴牢靠,避免脱落。

考考你

为什么粘单上的第一记载人需要在支票和粘单的粘接处签章?

2. 支票挂失的办理流程

已经签发的普通支票和现金支票,如因遗失、被盗等原因而丧失,应立即向银行申请挂失。

出票人将签发内容齐备的、可以直接支取现金的支票遗失或被盗等,应当出具公函或有关证明,填写两联挂失申请书(可以用进账单代替),加盖预留银行的签名式样和印鉴,向开户银行申请挂失止付。银行查明该支票确未支付,经收取一定的挂失手续费后受理挂失,在挂失人账户中用红笔注明支票号码及挂失的日期。

收款人将收受的、可以直接支取现金的支票遗失或被盗等,也应当出具公函或有关证明,填写两联挂失止付申请书,经付款人签章证明后,到收款人开户银行申请挂失止付,有关手续同上。

3. 票据的公示催告程序

1)申请

公示催告程序只能因申请人的申请而开始,申请人的申请必须同时符合下列条件。

票据的公示
催告程序

(1)申请人必须是原合法票据持有人,其他人不能提起公示催告程序,至于申请人因何故对该票据拥有合法权利,则在所不问。

(2)所申请的票据必须是可以背书转让的票据。

(3)票据因被盗、遗失、灭失等原因不由原合法票据持有人掌握时,才能申请公示催告,至于被盗、遗失、灭失的票据是否已设定权利,则不是法定条件;未设定权利的票据被盗、遗失或者灭失,有可能被他人在票据上设定权利,从而使原票据持有人的利益受损,也可以申请公示催告。

(4)必须相对人不明,相对人明确的属于票据诉讼,如因票据被涂改、伪造等原因,票据付款人拒绝付款。

(5)申请人必须是票据最后持有人,即票据丧失前持有该票据的人,经过背书转让的,背书人不得提出申请。

(6)必须向票据支付地的基层人民法院申请,即票据付款人所在地。

(7)必须提交申请书,申请书应当写明票面金额、发票人、持票人、背书人等票据主要内容和申请的理由、事实。

2)受理

人民法院收到申请书后,经审查,认为申请不符合条件的,应不予受理;经审查,认为申请符合条件的,应在收到申请书之日起 7 日内决定受理,并通知申请人。

3）通知停止支付

为了保证将来宣告票据无效的判决能够得到切实执行，人民法院在决定受理申请的同时，应书面通知票据付款人停止支付该票据，至公示催告程序终结。票据付款人收到人民法院的停止支付通知后，应当停止支付。

4）公示催告

由于票据已被盗、遗失或者灭失，人民法院无从得知该被盗、遗失或者灭失的票据原来是否归申请人合法持有，或者有无同该票据有利害关系的公民、法人或者其他组织。因此，为了维护公民、法人和其他组织的合法权益，人民法院决定受理申请后，应在 3 日内发出公告，催告利害关系人申报票据权利。公示催告的期间，由人民法院根据情况决定，但不得少于 60 日。公告内容应包括申请人、所申请的票据、申报期间、申报法院以及在期间内不申报即失权等内容。公告除张贴于人民法院公共告示栏和票据付款人所在地外，还应登载于发行面比较广的报纸，或者通过诸如电视、电台等媒介手段，使大多数人有机会得知公告内容，从而向人民法院申报权利。

5）申报权利

同票据有利害关系的公民、法人或者其他组织，应当在人民法院指定的期限内申报权利。只能向发布公告的人民法院申报，可以书面申报，也可以口头申报。利害关系人在申报期间内向人民法院申报的，无论其有无理由或理由如何，人民法院均应裁定终结公示催告程序，因此时已有明确的相对人。申请人或者申报人可依照普通程序或者简易程序提起票据诉讼。

6）判决

在申报期间无人申报的，人民法院应当根据申请人的申请，作出判决，宣告票据无效。

7）对判决可能出现错误的补救

由于宣告票据无效的判决是一种推定的判决，无法保证一定正确。因此，为了维护法律的公正性，民事诉讼法规定，利害关系人因正当理由不能在判决前向人民法院申报的，自知道或者应当知道判决公告之日起 1 年内，有权以申请人为被告向人民法院提出票据诉讼。

5.3.3 实践训练

1. 转账支票背书转让业务

1）业务描述

2023 年 4 月海洋公司因向华美公司采购 C 材料，欠购货款 11 300 元。5 月 19 日，海洋公司将 5 月 18 日收到的华正公司面额为 11 300 元的转账支票背书转让给华美公司，偿还所欠购货款。

转账支票背书转让业务

这是一笔转账支票背书转让业务，该业务具体应如何办理，出纳孙胜在该笔业务中的具体职责是什么？

2）业务工作过程及岗位对照

图 5-31 为转账支票背书转让业务工作过程及岗位对照。

3）业务操作流程

（1）出纳孙胜对收到的支票进行审核，确定是否可以背书转让。

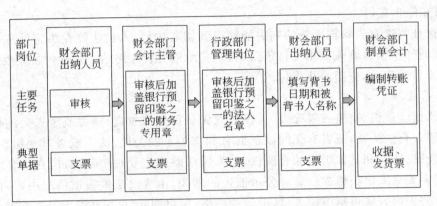

图 5-31　转账支票背书转让业务工作过程及岗位对照

支票出票人在票据正面记载"不得转让"字样的，支票不得转让，如果其直接后手再背书转让，出票人对其直接后手的被背书人不承担保证责任，对被背书人提示付款或委托收款的支票，银行不予受理。

支票被拒绝付款或者超过付款提示期限的，不得背书转让，背书转让的，背书人应当承担票据责任。

（2）对可以背书转让的支票，经批准后办理背书手续。

支票背书转让时，背书人应在票据背面签章。出纳孙胜将支票交给预留印鉴管理人员，由其审核后在支票背面"背书人签章"栏加盖财务专用章及法人名章，如图 5-32 所示。

图 5-32　转账支票背书

如果支票不能满足背书人记载事项的需要，可以在背面加附粘单，粘附于支票上，背书人应在粘单上签章。粘单上的第一记载人，应当在支票和粘单的粘接处签章。

（3）出纳孙胜在支票背面"背书人"栏填写背书日期 2023 年 5 月 22 日，在"被背书人"处填写受让人即被背书人名称。支票背书转让时，背书人除应在票据背面或者粘单上签章外，还应记载被背书人名称和背书日期。

（4）采购员将支票交给被背书人华美公司，收到华美公司开具的收取支票的收款收据，如图 5-33 所示。

（5）出纳孙胜将收据和销货发票传递给制单会计，编制转账凭证。

背书人经过背书转让支票后，即承担保证其后手所持支票付款的责任。背书人在付款方没有支付款项时，应当向持票人清偿，即对于被背书人而言，支票被拒绝付款的，持票人可以对背书人、出票人等行使追索权。

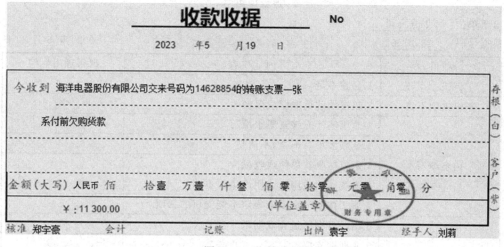

图 5-33　收款收据

2. 支票退票业务

1) 业务描述

2023 年 5 月 20 日,海洋公司收到银行退回的 19 日送交的转账支票,理由是出票人华非公司账户上没有足额的资金支付。这是一笔支票退票业务,该业务具体应如何办理,出纳孙胜在该笔业务中的具体职责是什么?

2) 业务工作过程及岗位对照

图 5-34 为支票退票业务工作过程及岗位对照。

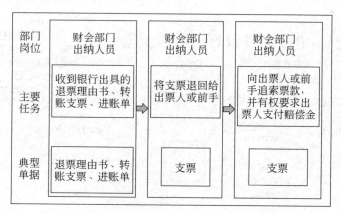

图 5-34　支票退票业务工作过程及岗位对照

3) 业务操作流程

(1) 出纳孙胜收到银行出具的退票理由书(见图 5-35)、转账支票(见图 5-36、图 5-37)和进账单(见图 5-38)。

退票理由书

出票单位： 华非公司

票据号码： 25521562

2023 年 5 月 20 日

项 目	内　　容	退票理由（√）
账户款项不足	1.存款不足	√
	2.超过放款批准度或限额	
内容填写	3.非用墨汁或碳素墨水填写	
	4.金额大小写不全,不清楚	
	5.未填写收款单位或收款人	
	6.未填写款项用途或用途填写不明	
	7.属于按照国家政策规定不能支付的款项	
日期	8.出票日期已过有效期限	
	9.非即期支票	
背书签字	10.背书人签章不清、不全、空白	
	11.背书人签章与预留银行印鉴不符	
涂改	12.支票大小写金额和收款人名称涂改	
	13.日期、账号等涂改处未盖预留银行印鉴	
其他	14.此户已结清,无此账户	
	15.已经出票人申请止付	
	16.非本行承付支票	
	17.非该户领用此支票	

图 5-35　退票理由书

图 5-36　转账支票正面

（2）出纳孙胜立即与出票人或前手（如果支票已经过背书转让）进行联系，将支票退回。

（3）出纳孙胜应向前手或出票人追索票款，并有权要求出票人赔偿支票金额 2% 的赔偿金。

图 5-37 转账支票背面

图 5-38 进账单

3. 支票遗失业务

支票遗失业务

1) 业务描述

2023 年 5 月 23 日,海洋公司签发了一张面额为 30 000 元的现金支票用于提取现金。由于保管不善,出纳孙胜在去银行途中不慎将支票遗失。这是一笔支票遗失业务,出纳孙胜应该如何操作,以避免给公司带来损失?

2) 业务工作过程及岗位对照

图 5-39 为支票遗失业务工作过程及岗位对照。

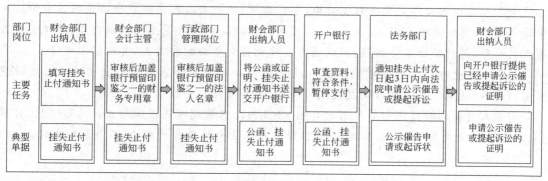

图 5-39 支票遗失业务工作过程及岗位对照

3）业务操作流程

（1）出纳孙胜填写一式三联的挂失止付通知书，如图 5-40 所示。其中，第一联是银行给挂失人的受理回单，第二联银行凭以登记登记簿，第三联银行凭以拍发电报。

挂失止付通知书

填写日期：2023 年 5 月 23 日

挂失支付人：海洋电器股份有限公司	丧失票据记载的主要内容	票据种类	现金支票
票据丧失时间：2023 年 5 月 23 日		号码	1031752216624
票据丧失地点：青岛市		金额	￥30 000.00
票据丧失事由：出纳人员遗失		付款人	海洋电器股份有限公司
失票人签章 2023 年 5 月 23 日		收款人	海洋电器股份有限公司
		出票日期	2023 年 5 月 23 日
		付款日期	2023 年 5 月 23 日至 2023 年 6 月 1 日

图 5-40　挂失止付通知书

（2）出纳孙胜将挂失止付通知书交会计主管刘毅，审核后加盖银行预留印鉴——财务专用章；交给单位负责人周正（或其授权人员），审核后加盖银行预留印鉴——法人名章，如图 5-38 所示。

（3）出纳孙胜将本单位出具的公函或有关证明以及挂失止付通知书一并送交开户银行，申请挂失止付。

（4）开户银行进行审查，挂失止付通知书中欠缺上述记载事项之一的，银行不予受理。

（5）银行查明挂失票据确未付款，应立即暂停支付；在挂失前已被支付，对其付款不承担责任。

（6）海洋公司在通知挂失止付的次日起 3 日内向人民法院申请公示催告或提起诉讼。

（7）出纳孙胜向开户银行（付款人）提供已经申请公示催告或提起诉讼的证明。

小贴士

失票人需以书面形式向票据支付地（即付款地）的基层人民法院提出公示催告申请。在申请书上，应写明票据类别、票面金额、出票人、付款人、背书人等主要票据内容，并说明票据丧失的情形，同时提出有关证据，以证明自己确属丧失票据的持票人，有权提出申请。

法院决定受理公示催告的申请后，应当同时通知付款人停止支付。法院的停止支付通知书送达后，就取代了失票人的挂失止付通知，而发生停止付款的法律效力。

付款人自收到挂失止付通知书之日起 12 日内没有收到人民法院的止付通知书的，自第 13 日起，挂失止付失效，持票人提示付款，付款人依法向持票人付款的，不再承担责任。

5.4 商业汇票付款业务

 **思维导图**

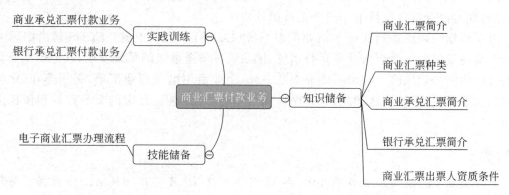

5.4.1 知识储备

商业汇票只适用于在银行开立存款账户的法人及其他组织之间,且必须具有真实的交易关系或债权债务关系。同城结算和异地结算均可使用商业汇票,没有结算起点的限制。

企业采购商品或结算债务时,可以采用商业汇票进行结算。采用商业汇票结算方式办理结算,若为购买商品结算货款,则应根据增值税专用发票签发商业汇票,一方面核算单位采购业务发生情况,另一方面核算货款结算情况;若为结清债权债务,则根据以前应付款的发生填制商业汇票,将未结清的应付账款转为应付票据。

1. 商业汇票简介

1)纸质商业汇票

商业汇票是出票人签发的,委托付款人在指定日期无条件支付确定的金额给收款人或者持票人的票据。

商业汇票的付款期限由交易双方共同商定,但最长不得超过6个月。属于分期付款的,应一次签发若干张不同期限的商业汇票。商业汇票既可以背书转让,也可以向银行申请贴现。

2)电子商业汇票

(1)电子商业汇票的概念及意义

电子商业汇票是指出票人依托电子商业汇票系统,以数据电文形式制作的,由银行承兑后在指定日期无条件支付确定金额给收款人或者持票人的票据。为便于企业支付和融资,支持商业银行票据业务发展和创新,各大商业银行都已使用电子商业汇票。

与纸质汇票相比,电子商业汇票能保证唯一性、完整性、安全性,规避假票和克隆票的风险;电子商业汇票足不出户就可被交易,方便、回款速度快,收票、托收实现"零在途"。经银行承兑的电子商业汇票与商业承兑汇票相比,具有更可靠的银行信用保证,流通范围广;可借助票据网快速贴现，既减少了企业的资金占用，又节省了资金使用成本；可以轻易实现票据电子化管理，准确查询每笔票据对应的票面信息及资金流向，管理成本低。

（2）办理电子商业汇票的条件

企业使用电子商业汇票必须具备以下条件：一是必须具有中华人民共和国组织机构代码，并在商业银行开立人民币银行结算账户；二是必须开通商业银行企业网银业务中电子票据功能，并与银行签订银行电子商业汇票服务协议。

电子票据一切活动均在电子商业汇票系统（ECDS）上记载生成。ECDS 是由中国人民银行牵头建设的全国性金融业务运行系统，该系统具备金融级的系统安全，杜绝了纸质票据流通过程中的一切风险。与纸质商业汇票一样，企业使用电子商业汇票，必须遵守《中华人民共和国票据法》等相关法律规定，遵循诚实信用的原则，具有真实的交易背景和债权债务关系。

💡 **小贴士**

电子商业汇票贴现后业务于 2018 年 10 月 1 日至 10 月 7 日切换至上海票据交易所交易系统，原电子商业汇票系统（ECDS）贴现后业务功能关闭。

电子票据的核心就是将实物票据电子化，电子票据可以如同实物票据一样进行出票、承兑、查询、转让、贴现、质押、托收等行为。传统票据业务中的各项票据业务的流程均没有改变，只是每个环节都加载了电子化处理手段，使业务操作的手段和对象发生了根本的改变。

2. 商业汇票种类

商业汇票由出票人签发，由承兑人承兑，承兑人负有到期无条件支付票款的责任，纸质商业汇票按承兑人的不同可分为商业承兑汇票和银行承兑汇票。同样，电子商业汇票也可分为电子银行承兑汇票和电子商业承兑汇票，电子银行承兑汇票由银行业金融机构、财务公司承兑，电子商业承兑

商业汇票简介

汇票由金融机构以外的法人或其他组织承兑。承兑是指汇票付款人承诺在汇票到期日支付汇票金额的票据行为。商业汇票的付款人为承兑人。

3. 商业承兑汇票简介

商业承兑汇票是指由销货方签发，经购货方承兑，或由购货方签发并承兑的商业汇票。

1）纸质商业承兑汇票

纸质商业承兑汇票一般一式三联。第一联"卡片"由承兑人留查，办理结算时，出票人在该联"出票人签章"处加盖预留印鉴。第二联"借方凭证"是收款人或持票人委托银行收款的凭证，汇票到期日由收款人或持票人随托收凭证寄付款行作为付款人开户银行反映银行存款减少的凭证。办理业务时，承兑人即付款人在承兑人签章处加盖预留印鉴。商业承兑汇票背书转让时，在第二联背面加盖背书人的财务专用章和法人名章。第三联"存根"，由出票人存查。

2）电子商业承兑汇票

电子商业承兑汇票是指出票人依托电子商业汇票系统，以数据电文形式制作的，由银行

承兑后在指定日期无条件支付确定金额给收款人或持票人的票据。电子商业承兑汇票由金融机构以外的法人或其他组织承兑,而电子银行承兑汇票由银行业金融机构、财务公司(统称金融机构)承兑。

电子商业承兑汇票票样如图 5-41 所示。

图 5-41 电子商业承兑汇票票样

4. 银行承兑汇票简介

1) 纸质银行承兑汇票

银行承兑汇票是由在承兑银行开立存款账户的存款人(即付款人)签发的,由承兑银行负责承兑的商业汇票。银行承兑汇票只能由付款人签发。

纸质银行承兑汇票一般一式三联。第一联"卡片"由承兑银行留查,到期支付票款时作借方凭证附件。办理结算时,出票人在该联"出票人签章"处加盖预留印鉴。第二联为收款人开户银行随托收凭证寄付款行作借方凭证的附件。办理业务时,承兑行和出票人在相应位置分别签章。银行承兑汇票背书转让时,在第二联背面加盖背书人的财务专用章和法人名章。第三联"存根",由出票人存查。

2) 电子银行承兑汇票

电子银行承兑汇票是指在出票人(即承兑申请人)以数据电文形式向开户银行提出申请,经承兑银行审批并同意承兑后,保证承兑申请人在指定日期无条件支付确定金额给收款人或持票人的票据。电子银行承兑汇票是纸质银行承兑汇票的继承和发展,所体现的票据权利义务关系与纸质银行承兑汇票没有区别,只是以数据电文形式替代原有的纸质实物票据,以电子签名取代实体签章,以网络传输取代人工传递,以计算机录入代替手工书写,实现了出票、流转、兑付等票据业务过程的完全电子化。电子银行承兑汇票在流传、集约化管理等方面与纸质银行承兑汇票相比具有较大优势。

电子银行承兑汇票票样如图 5-42 所示。

电 子 银 行 承 兑 汇 票

| 出 票 日 期 2009-10-28 | | | | 票据状态：提示收票已签收 | | | | | | | | | | | | | | |
| 汇票到期日 2010-04-28 | | | | 票据号码 | | | | | | | | | | | | | | |

出票人	全 称			收票人	全 称												
	账 号				账 号												
	开户银行				开户银行												

出票保证信息	保证人名称：		保证人地址：		保证日期：										

票 据 金 额	人民币 （大写）	贰仟零玖万壹仟零贰拾捌元整	十亿	千	百	十万	千	百	十	元	角	分
			2	0	0	9	1	0	2	8	0	0

承兑人信息	全 称		开户行行号	
	账 号 0		开户行名称	

交易合同号		承兑信息	出票人承诺：本汇票请予以承兑，到期无条件付款
能 否 转 让	可再转让		承兑人承兑：本汇票已经承兑，到期无条件付款
			承兑日期 2009-10-28

承兑保证信息	保证人名称：		保证人地址：		保证日期：

评级信息（由出票人、承兑人自己记载，仅供参考）	出 票 人	评级主体：	信用等级：	评级到期日：
	承 兑 人	评级主体：	信用等级：	评级到期日：

图 5-42　电子银行承兑汇票票样

5. 商业汇票出票人资质条件

商业承兑汇票是指由收款人签发，经付款人承兑，或由付款人签发并承兑的商业汇票。银行承兑汇票是由在承兑银行开立存款账户的存款人签发的，由承兑银行负责承兑的商业汇票。银行承兑汇票的出票人必须具备下列条件：在承兑银行开立存款账户的法人及其他组织；与承兑银行具有真实的委托付款关系；资信状况良好，具有支付汇票金额的可靠资金来源。

小贴士

付款人承兑商业汇票，应当在汇票正面记载"承兑"字样和承兑日期并签章。付款人承兑商业汇票，不得附有条件；承兑附有条件的，视为拒绝承兑。

5.4.2　技能储备

电子商业汇票办理流程

电子商业汇票办理包括出票、承兑、签收、转让等相应业务办理。网上电子商业承兑汇票和银行承兑汇票业务办理时，首先进入企业网上银行系统选择票据业务，再选择电子商业汇票，然后根据菜单提示进行处理，具体流程如图 5-43 所示。

电子商业汇票的流转业务是建立在企业网上银行上的，因此进行操作前必须具备企业网上银行。电子商业汇票客户端的操作主要包括电子商业汇票签发和电子商业汇票接收，电子商业承兑汇票和电子银行承兑汇票的办理流程基本相同。

下面以中国银行的电子银行承兑汇票操作为例，讲解电子商业汇票的具体业务流程。

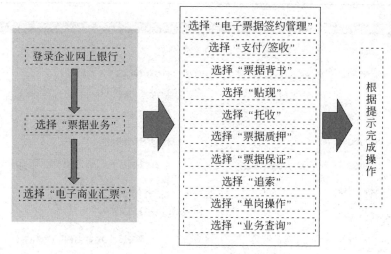

图 5-43 电子商业汇票办理流程

1）电子商业汇票出票

电子商业汇票出票流程如图 5-44 所示。

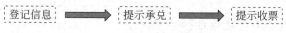

图 5-44 电子商业汇票出票流程

（1）电子商业汇票出票信息登记

电子商业汇票出票信息登记流程如图 5-45 所示。

图 5-45 电子商业汇票出票信息登记流程

电子商业汇票出票信息登记界面如图 5-46 所示。信息登记时，须注意以下事项。

① 票据种类：下拉菜单，可选择商业承兑汇票或银行承兑汇票。

② 出票人名称、账号及开户行：下拉菜单，根据客户电子商业汇票功能的信息提供下拉框供客户选择。

③ 保存收款人信息：选填项，若勾选，则保存收款人信息。

④ 收款人名称：必填项，填写 1～60 个字符。

⑤ 收款人账号：必填项，填写 1～32 个数字或字母。

⑥ 收款人开户行名称：必填项，填写 1～60 个字符。

⑦ 收款人开户行行号：必填项，填写 12 个数字，可通过输入关键字查询获取（如"招商银行上海"），如是中国银行辖内支行或网点，需具体查找到某支行如"中国银行上步支行"的行号。

⑧ 出票日期：默认为当日日期。

⑨ 票据到期日：必填项，填写格式为 yyyy/mm/dd，提供客户日历选择方式，不得超过

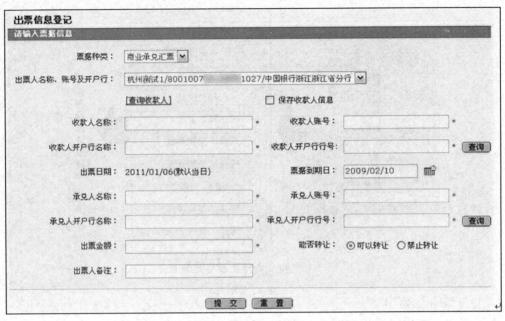

图 5-46 电子商业汇票出票信息登记界面

出票日 12 个月，可通过日历功能键选择。

⑩ 承兑人名称：必填项，填写 1~60 个字符，需与合同保持一致，具体至某支行，不可填入网点（网点不具有承兑资格）。

⑪ 承兑人账号：必填项，承兑人为银行时账号填"0"。

⑫ 承兑人开户行名称：必填项，填写 1~60 个字符，按照客户对应的开户行填写"中国银行股份有限公司××支行"。

⑬ 承兑人开户行行号：必填项，填写 12 个数字，可通过输入关键字查询获取，如"中国银行深圳 龙华"的行号。

⑭ 出票金额：必填项。

⑮ 能否转让：必填项，若选择禁止转让，则该票据不允许背书转让。

⑯ 出票人备注：选填项，填写 1~256 个字符。

（2）电子商业汇票提示承兑（需授权）

电子商业汇票提示承兑流程如图 5-47 所示。

图 5-47 电子商业汇票提示承兑流程

电子商业汇票提示承兑及授权界面分别如图 5-48、图 5-49 所示。提示承兑时，收款人账号为选填项，可不填。

提示承兑需要由另一操作员登录此页面进行授权：选择账号，交易类型选择承兑确认，然后单击"提交"，手动按网银盾上的 OK 键确认。

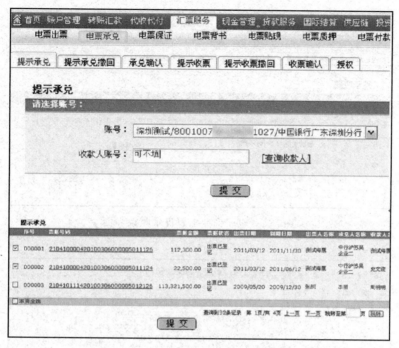

图 5-48　电子商业汇票提示承兑界面

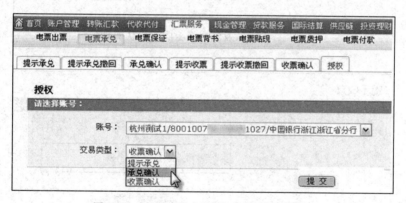

图 5-49　电子商业汇票提示承兑授权界面

（3）电子商业汇票提示收票

电子商业汇票提示收票流程如图 5-50 所示。

图 5-50　电子商业汇票提示收票流程

电子商业汇票提示收票界面如图 5-51～图 5-53 所示。其中，收款人账号和提示收票人备注为选填项，可不填；交易信息将显示在网银盾的蓝色屏幕上，需在确认交易金额等信息后手动按下网银盾上的 OK 键进行提交。

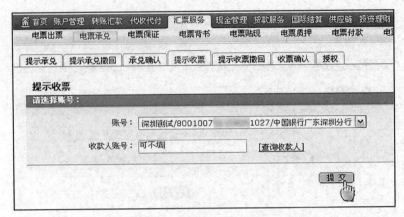

图 5-51　电子商业汇票提示收票界面

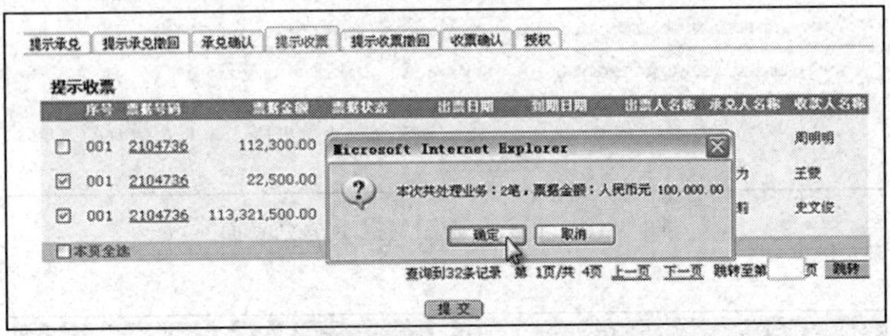

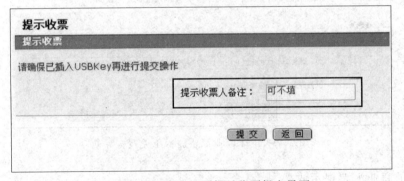

图 5-52　电子商业汇票提示收票确认对话框

提示收票

提示收票

请确保已插入USBKey再进行提交操作

提示收票人备注：可不填

提交　返回

图 5-53　电子商业汇票提示收票提交界面

2）电子商业汇票收票（需授权）

小贴士

电子商业汇票收票功能仅用于票据开出后第一手收票人签收票据，对方背书转让的业务参见电子商业汇票签收背书转让部分。

电子商业汇票收票流程如图 5-54 所示。

电子商业汇票收票确认界面如图 5-55 所示。其中，"回复人备注"为选填项。

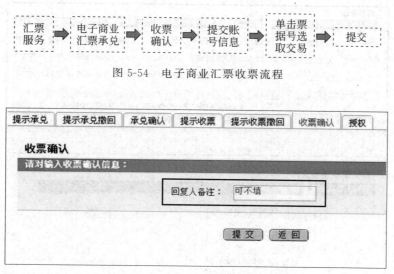

图 5-54 电子商业汇票收票流程

图 5-55 电子商业汇票收票确认界面

电子商业汇票收票需要由另一操作员登录此页面进行授权：单击票据号选取交易，单击授权通过，手动按网银盾上的 OK 键提交。

3）电子商业汇票背书转让（需授权）

小贴士

须在票据已经收妥的前提下方可进行背书转让。

电子商业汇票背书转让流程如图 5-56 所示。

图 5-56 电子商业汇票背书转让流程

电子商业汇票背书转让界面如图 5-57 和图 5-58 所示。其中，"收款人账号"为选填项，可不填。可批量背书，也可单笔单击票号查看票面信息后，再进行背书信息填写。

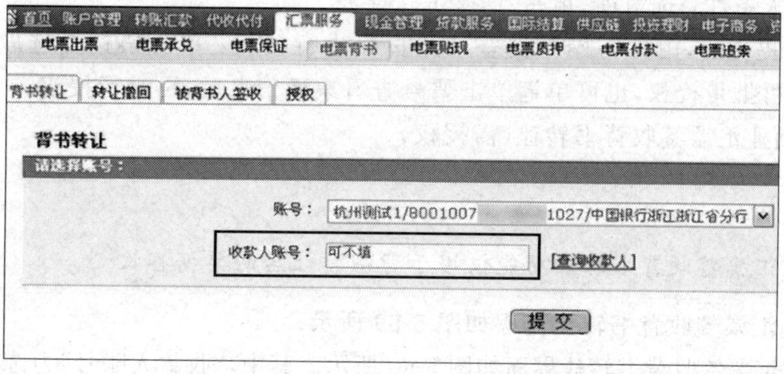

图 5-57 电子商业汇票背书转让界面

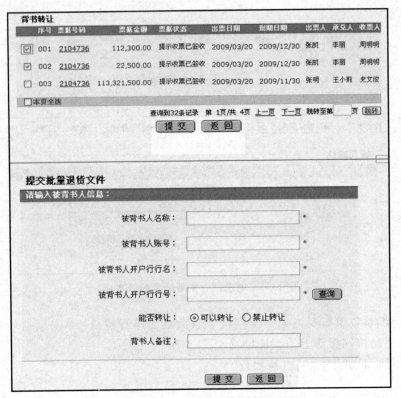

图 5-58　电子商业汇票背书转让提交界面

背书转让信息填写时，须注意以下事项。

（1）被背书人名称：必填项，填写1～60个字符；若被背书人为银行，背书人名称填写银行名称。

（2）被背书人账号：必填项，填写1～32个数字或字母；若被背书人为银行，账号填写"0"。

（3）被背书人开户行行名：必填项，填写1～60个字符。

（4）被背书人开户行行号：必填项，填写12个数字。

（5）能否转让：必填项，若选择禁止转让，则被背书人签收后不能再将该票据背书转让。

（6）背书人备注：选填项，填写0～256个字符。

填写完毕提交后，由另一操作员登录此页面进行授权：单击票据号选取交易，手动按OK键提交。可批量授权，也可单笔单击票号查看票面信息后，再进行授权。

4）电子商业汇票签收背书转让（需授权）

🐄小贴士

电子商业汇票签收背书转让功能仅用于背书转让后的票据签收。

电子商业汇票签收背书转让流程如图5-59所示。

电子商业汇票签收背书转让界面如图5-60所示。其中，"收款人账号"为选填项，可不填。

签收背书转让需由另一操作员登录此页面进行授权：单击票据号选取交易，手动按

OK键提交。可批量授权,也可单笔单击票号查看票面信息后,再进行授权。

图 5-59　电子商业汇票签收背书转让流程

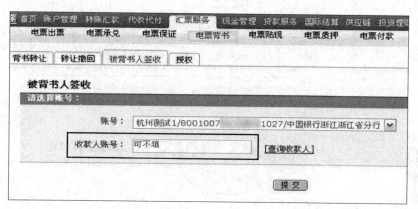

图 5-60　电子商业汇票签收背书转让界面

5.4.3　实践训练

1. 商业承兑汇票付款业务

商业承兑汇票
付款业务

1)业务描述

2023 年 3 月 27 日,海洋公司从飞洋公司购进一批原材料(甲材料),取得的增值税专用发票上注明数量 2 000 千克,单价 10 元,总货款 20 000 元,增值税 2 600 元。双方协商以期限为 2 个月的商业承兑汇票结算货款。出纳孙胜签发了一张面额为 22 600 元的商业承兑汇票,由采购员郑天乐交给收款人据以支付货款。

这是一笔商业承兑汇票付款业务,该业务具体应如何办理,出纳孙胜在该笔业务中的具体职责是什么?

2)业务工作过程及岗位对照

图 5-61 为商业汇票付款业务工作过程及岗位对照。

3)业务操作流程

(1)签发商业承兑汇票。海洋公司出纳孙胜根据审核无误的增值税专用发票(见图 5-62)签发商业承兑汇票(见图 5-63)。

小贴士

签发商业承兑汇票时主要注意以下事项。

① 填写项目完整。出票单位出纳人员应按照规定逐项填明商业汇票的各项内容,包括表明"商业承兑汇票"字样、无条件支付的委托、确定的金额、付款人名称、收款人名称、出票日期、出票人签章。欠缺记载上述项目之一的,商业汇票无效。

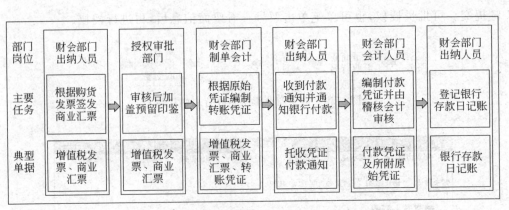

图 5-61　商业汇票付款业务工作过程及岗位对照

图 5-62　采购甲材料取得的增值税专用发票

　　② 正确计算到期日。商业汇票的付款期可以按月计算，也可以按日计算。按月计算时，到期日期为到期月的对应日，如出票日为 2023 年 1 月 31 日、期限为一个月的商业汇票，到期日为 2023 年 2 月 28 日，即月末签发的票据不论大小月均以到期月的月末为到期日；按日计算时，应按实际经历的天数计算，且"算头不算尾"，或"算尾不算头"，如出票日为 2023 年 1 月 31 日、期限为 30 天的票据，到期日为 2023 年 3 月 2 日。

　　(2) 承兑商业承兑汇票。海洋公司会计主管刘毅及法人代表周正（或其授权人员）审核商业汇票并承兑商业汇票。商业承兑汇票由付款单位承兑。付款单位承兑时，由会计主管及法人印鉴管理人员审核商业汇票后，在商业承兑汇票第二联"承兑人签章"处加盖预留银行印鉴，如图 5-63 所示。承兑后的商业汇票交收款单位。

图 5-63　商业承兑汇票

考考你

商业承兑汇票由谁填制？由谁承兑？

（3）编制记账凭证。制单会计殷悦根据发票、商业承兑汇票编制购买材料的转账凭证，如图 5-64 所示。海洋公司采用实际成本核算，假定购入材料正在运输途中。

转账凭证

2023 年03 月27 日

转字第02 号
附件2 张

摘要	总账科目	明细科目	借方金额 千百十万千百十元角分	记账符号	贷方金额 千百十万千百十元角分	记账符号
购买甲材料	在途物资	甲材料	2 0 0 0 0 0 0			
	应交税费	应交增值税（进）	2 6 0 0 0 0			
	应付票据	飞洋公司			2 2 6 0 0 0 0	
合　计			￥2 2 6 0 0 0 0		￥2 2 6 0 0 0 0	

会计主管　　　记账　　　复核　赵刚　　　制证　殷悦

图 5-64　购买甲材料的转账凭证

（4）审核并通知付款。2023 年 5 月 27 日，出纳孙胜收到开户银行付款通知（见图 5-65）并及时通知开户银行付款。

小贴士

商业承兑汇票的付款人开户银行收到收款人或持票人委托其开户银行寄来的商业承兑汇票及托收凭证，付款人开户银行将商业承兑汇票留存，并及时通知付款人。付款人收到开户银行的付款通知，应在当日通知银行付款。付款人在接到通知日的次日起 3 日内（遇法定休假日顺延，下同）未通知银行付款的，视同付款人承诺付款。银行应于付款人接到通知日的次日起第 4 日上午开始营业时，将票款划给持票人。银行在办理划款时，付款人存款账户

托收凭证(付款通知)

委托日期：2023 年5 月27 日

业务类型		委托收款（☑ 邮划、 □ 电划）				托收承付（☑ 邮划、 □ 电划)					
付款人	全称	海洋电器股份有限公司		收款人	全称	飞洋股份有限公司					
	账号	0532123456789			账号	1185643692582					
	地址	山东 省青岛 市县 开户行	中国工商银行李沧支行		地址	山东 省青岛 市县 开户行	中国工商银行市北支行				
金额	人民币(大写)	贰万贰仟陆佰元整					￥2 2 6 0 0 0 0				
款项内容	货款		托收凭据名称			附寄单证张数					
商品发运情况	已发运		合同名称号码								
备注：			款项收妥日期								
复核 记账			年 月 日			收款人开户银行签章 2023 年5 月27 日					

图 5-65 开户银行付款通知

不足支付的，应填制付款人未付票款通知书，连同商业承兑汇票邮寄持票人开户银行转交持票人。

付款人存在合法抗辩事由拒绝支付的，应自接到通知日的次日起 3 日内，将拒绝付款证明送交开户银行，银行将拒绝付款证明和商业承兑汇票邮寄持票人开户银行转交持票人。

（5）编制记账凭证。制单会计殷悦根据托收凭证第五联付款通知编制付款凭证并交稽核会计赵阳审核，如图 5-66 所示。

付款凭证

付 字第09 号
附件1 张

贷方科目：银行存款   2023 年 05 月 27 日

对方单位	摘要	借方科目		金额									记账符号
		总账科目	明细科目	千	百	十	万	千	百	十	元	角 分	
	支付甲材料购货款	应付票据	飞洋公司			2	2	6	0	0	0	0 0	
银行结算方式及票号：			合计		￥	2	2	6	0	0	0	0 0	

会计主管   记账   稽核 赵 阳   出纳 孙 胜   制证 殷 悦

图 5-66 付款凭证

（6）登记日记账并签名。出纳孙胜根据审核后的付款凭证及原始凭证登银行存款日记账，在购货发票上加盖"付讫"章，如图 5-62 所示，并在付款凭证上签名或盖章，如图 5-66 所示。

2. 银行承兑汇票付款业务

银行承兑汇票
付款业务

1) 业务描述

2023 年 3 月 28 日,海洋公司从飞海公司购进一批原材料(乙材料),取得的增值税专用发票上注明数量 4 000 千克,单价 4 元,总货款 16 000 元,增值税 2 080 元。双方协商以期限为 2 个月的银行承兑汇票结算货款。出纳孙胜签发了一张面额为 18 080 的银行承兑汇票,由采购员郑天乐交给收款人据以支付货款。

这是一笔银行承兑汇票付款业务,该业务具体应如何办理,出纳孙胜在该笔业务中的具体职责是什么?

2) 业务工作过程及岗位对照

图 5-67 为银行承兑汇票付款业务工作流程与岗位对照。

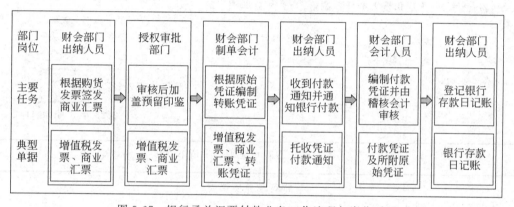

部门岗位	财会部门出纳人员	授权审批部门	财会部门制单会计	财会部门出纳人员	财会部门会计人员	财会部门出纳人员
主要任务	根据购货发票签发商业汇票	审核后加盖预留印鉴	根据原始凭证编制转账凭证	收到付款通知并通知银行付款	编制付款凭证并由稽核会计审核	登记银行存款日记账
典型单据	增值税发票、商业汇票	增值税发票、商业汇票	增值税发票、商业汇票、转账凭证	托收凭证付款通知	付款凭证及所附原始凭证	银行存款日记账

图 5-67　银行承兑汇票付款业务工作流程与岗位对照

3) 业务操作流程

(1) 填写银行承兑汇票申请书

① 海洋公司出纳孙胜根据购销合同填制银行承兑汇票申请书,如图 5-68 所示。

② 会计主管审核签章。出纳孙胜将填制好的银行承兑汇票申请书交会计主管刘毅审核,审核无误后加盖财务专用章,如图 5-68 所示。

③ 单位负责人审核签章。出纳孙胜将填制好的银行承兑汇票申请书交单位负责人周正(或其授权人员)审核,审核无误后加盖法人名章,如图 5-68 所示。

(2) 填写银行承兑协议

出纳孙胜填制银行承兑协议,并由会计主管刘毅在银行承兑协议上加盖财务专用章,由单位负责人周正(或其授权人员)在银行承兑协议上加盖法人名章,由承兑银行在银行承兑协议上盖章,如图 5-69 所示。银行承兑协议一式两联,内容主要包括银行承兑汇票的基本内容、承兑申请人应遵守的基本条款等。

(3) 签发银行承兑汇票

① 出纳孙胜根据购货发票、银行承兑协议等签发银行承兑汇票,如图 5-70 所示。

银行承兑汇票申请书

申请人名称	海洋电器股份有限公司			注册资本	2 000 万元
申请银行承兑汇票用途	收款人名称	购销合同字号	商品名称	合同金额	收款人开户行
	飞海股份有限公司	2023-12	乙材料	￥18 080.00	中国工商银行黄岛区支行
申请银行承兑汇票金额（大写）	人民币壹万捌仟零捌拾元整			保证金比例	
汇票到期承兑资金来源					
可提供银行承兑的担保单位或抵押（质）物名称					

中国工商银行李沧支行：

　　本公司为履行　　与飞海股份有限公司采购乙材料　　合同需要,向贵行申请办理银行承兑汇票,申请承兑金额(大写)　　人民币壹万捌仟零捌拾　元,承兑期限　2　个月。

申请单位（公章）：

法定代表人（签章）：　周正印

2023 年 3 月 28 日

图 5-68　银行承兑汇票申请书

银行承兑协议

　　编号：2023-12

　　银行承兑汇票的内容：

出票人全称　海洋电器股份有限公司　　　　收款人全称　飞海股份有限公司

开户银行　中国工商银行市北支行　　　　　开户银行　中国工商银行黄岛区支行

账　　号　1185643692×××　　　　　　　账　　号　0532584696×××

汇票号码　12345462　　　　　　　　　　　汇票金额（大写）　壹万捌仟零捌拾元整

签发日期　2023　年　3　月　28　日　　　到期日期　2023　年　5　月　28　日

以上汇票经承兑银行承兑,承兑申请人(下称申请人)愿遵守《支付结算办法》的规定以及下列条款。

　　一、申请人于汇票到期日前将应付票款足额交存承兑银行。

　　二、承兑手续费按票面金额千分之（　　）计算,在银行承兑时一次付清。

　　三、承兑汇票如发生任何交易纠纷,均由收付双方自行处理,票款于到期前仍按第一条办理。

　　四、承兑汇票到期日,承兑银行凭票无条件支付票款。如到期日之前申请人不能足额交付票款时,承兑银行对不足支付票款转作承兑申请逾期贷款,并按照有关规定计收罚息。

　　五、承兑汇票款付清后,本协议自动失效。本协议第一、二联分别由承兑银行信贷部门和承兑申请人存执,协议副本由承兑银行会计部门存查。

承兑银行　　　　　（盖章）　　　出票人　　　　　（盖章）

订立承兑协议日期　2023　年　3　月　28　日

图 5-69　银行承兑协议

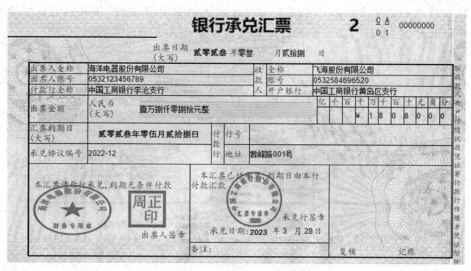

图 5-70 银行承兑汇票

小贴士

银行承兑汇票的签发有手写和机打两种方式：手写银行承兑汇票，由付款单位出纳人员填写，由开户银行承兑；机打银行承兑汇票，则由开户银行出具，由开户银行承兑。无论是手写还是机打银行承兑汇票，均必须填列表明"银行承兑汇票"的字样、无条件支付的委托、确定的金额、付款人名称、收款人名称、出票日期、出票人签章。欠缺记载上述项目之一的，银行承兑汇票无效。

② 会计主管审核签章。出纳孙胜将填制好的银行承兑汇票交会计主管刘毅审核，刘毅审核后在银行承兑汇票第一联和第二联"出票人签章"处签财务专用章，如图 5-70 所示。

③ 单位负责人审核签章。出纳孙胜将填制好的银行承兑汇票交单位负责人周正（或其授权人员）审核无误后，在银行承兑汇票第一联和第二联"出票人签章"处加盖法人名章，如图 5-70 所示。

④ 开户银行承兑。出纳孙胜将填制好的银行承兑汇票交开户银行承兑，开户银行在银行承兑汇票第二联"承兑银行签章"处盖章，如图 5-70 所示。

（4）编制记账凭证

2023 年 3 月 28 日，制单会计殷悦根据增值税专用发票（见图 5-71）及银行承兑汇票编制购买材料的转账凭证，如图 5-72 所示。

（5）审核并通知付款

2023 年 5 月 28 日，出纳孙胜收到托收凭证第五联（付款通知），如图 5-73 所示，通知开户银行付款。

小贴士

银行承兑汇票的出票人应于汇票到期前将票款足额交存开户银行。承兑银行应在汇票到期日或到期日后的见票当日支付票款。承兑银行存在合法抗辩事由拒绝支付的，应自接到汇票的次日起 3 日内，作成拒绝付款证明，连同银行承兑汇票邮寄持票人开户银行转交持票人。银行承兑汇票的出票人于汇票到期日未能足额交存票款时,承兑银行除凭票向持票人无条件付款外,对出票人尚未支付的汇票金额按照每天万分之五计收利息。

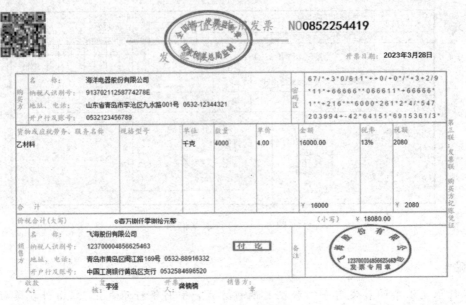

图 5-71 采购乙材料取得的增值税专用发票

图 5-72 采购乙材料的转账凭证

（6）编制记账凭证

2023 年 5 月 28 日,制单会计殷悦根据托收凭证第五联（付款通知）编制付款凭证,如图 5-74 所示。

采用银行承兑汇票办理付款时,编制付款凭证及出纳登记日记账程序与商业承兑汇票相同。

（7）登记银行存款日记账

2023 年 5 月 28 日,出纳孙胜根据付款凭证登记银行存款日记账,在购货发票上加盖"付讫"章（见图 5-71）,并在付款凭证上签名或盖章（见图 5-74）。

ICBC 中国工商银行 托收凭证（付款通知）

5

委托日期 2023 年 5 月 28 日	付款期限　　年　　月　　日

业务类型	委托收款（□邮划、□电划）	托收承付（☑邮划、□电划）	
付款人	全称 海洋电器股份有限公司	收款人	全称 飞海股份有限公司
	账号 0532123456789		账号 0532584696520
	地址 山东省青岛 开户行 中国工商银行李沧支行		地址 山东省青岛 开户行 中国工商银行黄岛支行

金额 人民币（大写） 壹万捌仟零捌拾元整	亿千百十万千百十元角分 ¥ 1 8 0 8 0 0 0

款项内容 货款	托收凭据名称	附寄单证张数
商品发运情况 已发运	合同名称号码	

备注：
付款人开户银行收到日期：
　　　　年　　月　　日
复核　　　记账

付款人开户银行签章：
　　　年　　月　　日

付款人注意：
1. 根据支付结算办法，上列委托收款（托收承付）款项养付款期限内未提出拒付，即视为同意付款，以此代替缴付通知。
2. 如需提出全部或部分拒付，应在规定期限内，将拒付理由书并附债务证明递交开户银行。

图 5-73　托收凭证第五联（付款通知）

付款凭证

贷方科目：银行存款		2023 年 05 月 28 日		付　字第 10 号 附件1　　张

对方单位	摘要	借方科目		金额	记账符号
		总账科目	明细科目	千百十万千百十元角分	
	支付乙材料购货款	应付票据	飞海公司	1 8 0 8 0 0 0	
银行结算方式及票号：			合计	¥ 1 8 0 8 0 0 0	

会计主管　　　记账　　　稽核 赵阳　　　出纳 孙甜　　　制证 殷悦

图 5-74　付款凭证

5.5　商业汇票收款和贴现业务

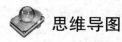

思维导图

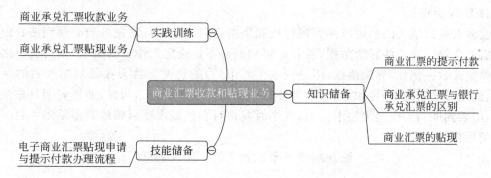

5.5.1　知识储备

1. 商业汇票的提示付款

销货方在销售商品后，收到双方协商签发的具有一定期限的商业承兑汇票或银行承兑汇票，在汇票到期时可以向付款人收取款项。商业汇票收款的提示付款期限为自汇票到期日起 10 日。持票人应在提示付款期限内通过开户银行委托收款或直接向付款人提示付款。对异地委托收款的，持票人可匡算邮程，提前通过开户银行委托收款。持票人超过提示付款期限提示付款的，持票人开户银行不予受理。商业汇票提示付款时，应签发一式五联的托收凭证，将托收凭证及商业承兑汇票（或银行承兑汇票）第二联一并交开户银行办理托收。

2. 商业承兑汇票与银行承兑汇票的区别

（1）银行承兑汇票的出票人只能是交易中的购货方，商业承兑汇票的出票人可以是交易中的购货方或销货方。

商业承兑汇票
与银行承兑
汇票的区别

（2）银行承兑汇票的出票人签发银行承兑汇票时必须向银行申请承兑，填制银行承兑协议，商业承兑汇票则由收付款双方协商即可。

（3）银行承兑汇票由银行承兑，商业承兑汇票由付款人承兑。

（4）银行承兑汇票的出票人收到付款通知时应及时将票款送存银行，以便到期向收款人支付款项，若付款人没有及时存入款项或无力支付，银行承兑汇票则由承兑银行支付票款，并在支付款项后，将全部款项转为付款人的贷款；若商业承兑汇票付款人不能及时付款，商业承兑汇票则被银行退回，由双方协商解决。

（5）银行承兑汇票的承兑银行，应按票面金额向出票人收取万分之五的手续费。

由于银行承兑汇票的承兑人是承兑银行，对收款人来说风险较小，因此实际业务中较为常见的商业汇票是银行承兑汇票。

3. 商业汇票的贴现

商业汇票的收款人或持票人若急需资金，可持未到期的商业汇票连同贴现凭证向银行申请贴现。

1）贴现条件

贴现条件包括：在银行开立存款账户的法人以及其他组织；与出票人或者直接前手之间具有真实的商品交易关系，提供与其直接前手之间的增值税发票和商品发运单据复印件；在银行开立结算账户；非汇票的出票人；其他条件。

2）贴现所得

收款人或持票人的贴现所得为银行按照票据到期值扣除自贴现日到汇票到期日期间的利息后的余额。对一些异地票据，或者汇票到期日不是法定工作日的票据，银行会根据实际设定调整天数。例如，异地票据（不是同一个城市的）的到期天数会在原到期天数的基础上（票据到期日－贴现日）再加 3 天，因为异地票据需要办理时间。同样，如果到期日是法定节假日，汇票到期当天也是无法承兑的，这个时候银行会根据需要再顺延调整贴现天数。贴现所得的计算公式为

$$贴现所得＝票据到期值－贴现利息$$

式中：

贴现利息＝票据到期值×贴现率×贴现期

票据到期值＝票据面值＋票据利息（若票据为无息票据则等于面值）

汇票持有人向银行申请贴现时，应由汇票持有单位的出纳人员填制一式五联的贴现凭证。

5.5.2 技能储备

电子商业汇票贴现申请与提示付款办理流程

下面以中国银行的电子银行承兑汇票操作为例，讲解电子商业汇票的贴现申请与提示付款业务流程。

1）电子商业汇票贴现申请

🐷小贴士

建议先将贴现材料送至开户行审核，通过后再在网上银行进行业务提交。

电子商业汇票申请贴现流程如图 5-75 所示。

图 5-75 电子商业汇票申请贴现流程

电子商业汇票申请贴现界面如图 5-76、图 5-77 所示。申请贴现信息填写时，须注意以下事项。

（1）贴现种类：系统自动显示，默认为买断式。

（2）线上清算标志："线下清算"适用于贴现给中国银行，"线上清算"适用于贴现给他行。

（3）贴现利率：必填项，填写格式为×.××××××（小数点前 1 位，小数点后 6 位），建议咨询银行客户经理，了解资料提交当天的牌价。

（4）合同编号：选填项，填写 1～30 个字符。

（5）发票号码：选填项，填写 1～30 个字符。

（6）入账账号：必填项，填写 1～32 个数字或字母。

（7）入账行号：必填项，填写 12 个数字，可通过输入关键字查询获取，如在中国银行深圳分行办理贴现，此处必须输入"中国银行深圳分行"的行号"104584000×××"。

（8）贴入人名称：必填项，填写 1～60 个字符，目前中国银行支持贴入人为本行或他行。

（9）贴入人账号：必填项，填写 1～32 个数字或字母；若贴入人为银行，则贴入人账号为"0"。

（10）贴入人开户行名称：必填项，填写 1～60 个字符。

（11）贴入人开户行行号：必填项，填写 12 个数字，可通过输入关键字查询获取。

（12）贴出人备注：选填项，填写 0～256 个字符。

（13）根据人民银行相关规定：入账行行号必须与贴出或贴入行行号一致。

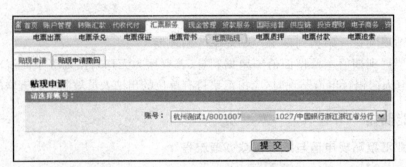

图 5-76　电子商业汇票贴现账号选择界面

图 5-77　电子商业汇票贴现信息输入界面

2）电子商业汇票提示付款（需授权）

小贴士

收款人或持票人可于票据到期日起 10 日内进行提示付款，如超过 10 天则须做逾期付款申请。

电子商业汇票提示付款流程如图 5-78 所示。

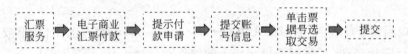

图 5-78　电子商业汇票提示付款流程

电子商业汇票提示付款申请界面如图 5-79 所示。其中，"收款人账号"为选填项，可不填。

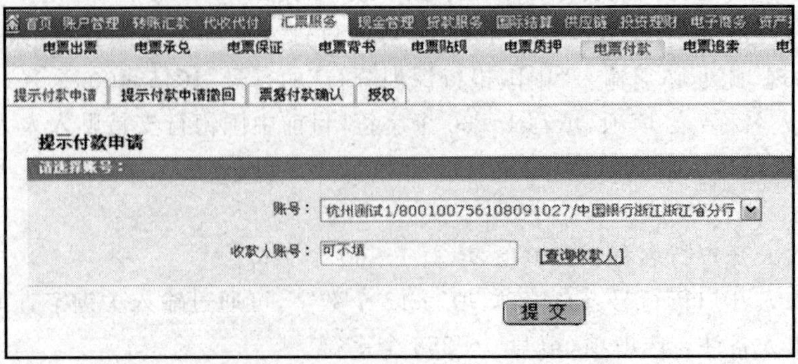

图 5-79　电子商业汇票提示付款申请界面

5.5.3 实践训练

1.商业承兑汇票收款业务

商业承兑汇票
收款业务

1）业务描述

2023 年 3 月 27 日,海洋公司销售一批 A 产品给华洋商贸公司,销售部门开出的增值税专用发票上注明数量 20 台,单价 3 000 元,价格 60 000元,增值税 7 800 元。双方协商采用期限为 2 个月的商业承兑汇票办理结算。当日,销售员卜邵丽收到华洋商贸公司签发并承兑的面额为 67 800 元的商业承兑汇票。

这是一笔商业承兑汇票收款业务,该业务具体应如何办理,出纳孙胜在该笔业务中的具体职责是什么?

2）业务工作过程及岗位对照

图 5-80 为商业承兑汇票收款业务工作过程及岗位对照。

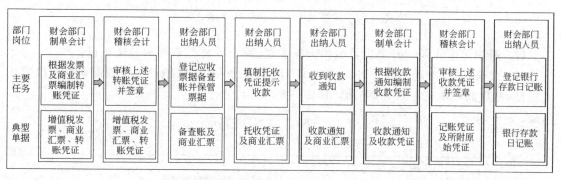

部门岗位	财会部门制单会计	财会部门稽核会计	财会部门出纳人员	财会部门出纳人员	财会部门出纳人员	财会部门制单会计	财会部门稽核会计	财会部门出纳人员
主要任务	根据发票及商业汇票编制转账凭证	审核上述转账凭证并签章	登记应收票据备查账并保管票据	填制托收凭证提示收款	收到收款通知	根据收款通知编制收款凭证	审核上述收款凭证并签章	登记银行存款日记账
典型单据	增值税发票、商业汇票、转账凭证	增值税发票、商业汇票、转账凭证	备查账及商业汇票	托收凭证及商业汇票	收款通知及商业汇票	收款通知及收款凭证	记账凭证及所附原始凭证	银行存款日记账

图 5-80　商业承兑汇票收款业务工作过程及岗位对照

3）业务操作流程

（1）销售商品收到商业承兑汇票。出纳孙胜收到由销售部门填制的增值税专用发票（见图 5-81)以及由付款人签发并承兑的期限为 2 个月、面值为 67 800 元的商业承兑汇票(见图 5-82)。

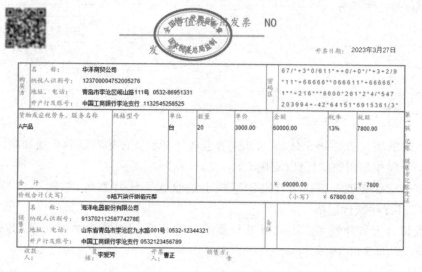

图 5-81　销售 A 产品开具的增值税专用发票

商业承兑汇票

2 AB 01 00354729

出票日期（大写） 贰零贰叁 年 零叁 月 贰拾柒 日

付款人	全称	华洋商贸公司	收款人	全称	海洋电器股份有限公司
	账号	1132545258525		账号	0532123456789
	开户银行	中国工商银行李沧支行		开户银行	中国工商银行李沧支行

出票金额	人民币（大写）	陆万柒仟捌佰元整	亿 千 百 十 万 千 百 十 元 角 分 ¥ 6 7 8 0 0 0 0

汇票到期日（大写）	贰零贰叁年零伍月贰拾柒日	付款行	行号	
交易合同号码			地址	君峰路001号

本汇票已经承兑，到期无条件付款

财务专用章 黄海印生

承兑人签章：

本汇票请于到期日付款

财务专用章 黄海印生

出票人签章：

承兑日期：2023 年3 月27 日

图 5-82　销售 A 产品取得的商业承兑汇票

（2）编制记账凭证。制单会计殷悦根据发票、商业承兑汇票编制转账凭证。

（3）汇票到期，办理托收。2023 年 5 月 27 日，汇票到期，出纳孙胜根据商业汇票填写托收凭证，办理商业承兑汇票到期收款，如图 5-83 所示。

托收凭证(受理回单)

委托日期：2023 年5 月27 日

业务类型	委托收款（☑ 邮划、 □ 电划）		托收承付（□ 邮划、 □ 电划）		
付款人	全称	华洋商贸公司	收款人	全称	海洋电器股份有限公司
	账号	1132545258525		账号	0532123456789
	地址	山东 省青岛 市县 开户行 中国工商银行李沧支行		地址	省 市县 开户行 中国工商银行李沧支行

金额	人民币（大写）	陆万柒仟捌佰元整	千 百 十 万 千 百 十 元 角 分 ¥ 6 7 8 0 0 0 0

款项内容	货款	托收凭据名称		附寄单证张数	2
商品发运情况	已发运	合同名称号码			

备注：		款项收委日期	中国工商银行 李沧支行 2023.05.27 受理凭证章 收款人开户银行盖章 2023 年5 月27 日

复核　　　　记账

图 5-83　托收凭证(受理回单)

（4）收取款项。2023 年 5 月 28 日出纳孙胜收到托收凭证第四联收款通知联（见图 5-84），并交制单会计殷悦编制收款凭证（见图 5-85）。

（5）审核记账凭证。稽核会计赵阳审核上述收款凭证并签名，如图 5-85 所示，交给出纳孙胜登记银行存款日记账。

（6）登记日记账并签名。出纳孙胜根据收款凭证登记银行存款日记账，并在上述收款凭证上签名，如图 5-85 所示。

图 5-84 托收凭证(收款通知)

图 5-85 销售 A 产品的收款凭证

2. 商业承兑汇票贴现业务

1) 业务描述

2023 年 4 月 30 日,海洋公司向华河商贸公司销售一批 C 产品,华河商贸公司当日签发了期限为 2 个月、面值为 169 500 元的商业承兑汇票据以支付货款,如图 5-86 所示。2023 年 5 月 30 日,海洋公司持该汇票向银行申请贴现,银行贴现率为 6%。

商业承兑汇票
贴现业务

这是一笔商业承兑汇票贴现业务,该业务具体应如何办理,出纳孙胜在该笔业务中的具体职责是什么?

2) 业务工作过程及岗位对照

图 5-87 为商业承兑汇票贴现业务工作流程与岗位对照。

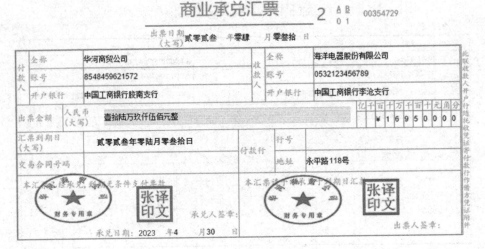

图 5-86　华河商贸公司签发的商业承兑汇票

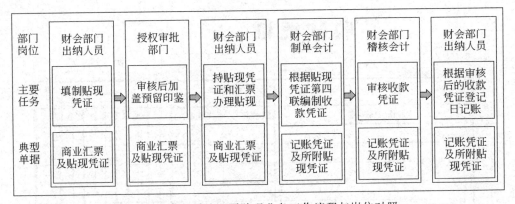

图 5-87　商业承兑汇票贴现业务工作流程与岗位对照

3）业务操作流程

（1）填制贴现凭证，申请贴现。汇票持有人向银行申请贴现时，应由其出纳人员填制贴现凭证，如图 5-88 所示。出纳孙胜根据要求逐项填写贴现申请人的名称、账号、开户银行，贴现汇票的种类、出票日、号码、到期日，汇票承兑人名称、账号、开户银行，以及汇票金额。

（2）审核贴现凭证。出纳孙胜填写贴现凭证后，分别交会计主管刘毅及单位负责人周正（或其授权人员）审核，审核无误后，在贴现凭证第一联"持票人签章"处加盖预留银行印鉴，如图 5-88 所示。然后由出纳孙胜将一式五联的贴现凭证交开户银行信贷部门申请贴现。

（3）开户银行审批。开户银行审查贴现凭证和汇票，审查内容主要包括审查申请人持有汇票是否合法，是否在本行开户，汇票联次是否完整，背书是否连续，贴现凭证的填写是否正确，汇票是否在有效期内，承兑银行是否已通知不应贴现等。审核无误后，在贴现凭证第一联"银行审批"栏签章，如图 5-88 所示。

（4）办理贴现。开户银行审核无误后，按规定计算贴现利息和实付金额，并在贴现凭证上填写贴现率、贴现利息、实付贴现金额等，如图 5-88 所示。

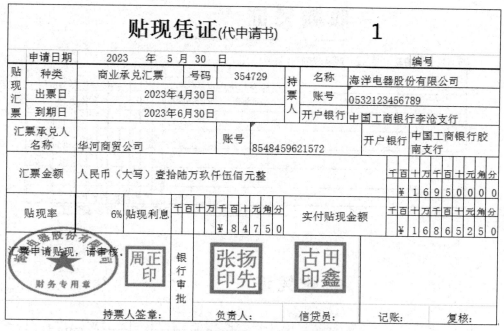

图 5-88　贴现凭证(代申请书)

（5）编制记账凭证。出纳孙胜收到贴现凭证第四联收账通知(见图 5-89),交制单会计殷悦编制收款凭证及转账凭证,如图 5-90、图 5-91 所示。

贴现凭证(收账通知) 　　4

申请日期	2023 年 5 月 30 日					编号	
贴现汇票	种类	商业承兑汇票	号码	354729	持票人	名称	海洋电器股份有限公司
	出票日	2023年4月30日				账号	0532123456789
	到期日	2023年6月30日				开户银行	中国工商银行李沧支行
汇票承兑人名称		华河商贸公司		账号	8548459621572	开户银行	中国工商银行胶南支行
汇票金额		人民币（大写）壹拾陆万玖仟伍佰元整					￥1 6 9 5 0 0 0 0
贴现率		6% 贴现利息		￥8 4 7 5 0	实付贴现金额		￥1 6 8 6 5 2 5 0
贴现款项已入你单位账户。					备注:		
					银行盖章 2023年5月30日		

图 5-89　贴现凭证(收账通知)

（6）审核记账凭证。稽核会计赵阳分别审核上述记账凭证并签章,如图 5-90 和图 5-91

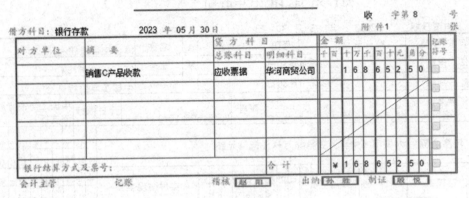

图 5-90 贴现收款凭证

图 5-91 贴现利息转账凭证

所示。

（7）登记日记账并签名。出纳孙胜根据审核无误的收款凭证登记银行存款日记账，并在收款凭证上签名，如图 5-90 所示。

考考你

贴现银行是收款人开户银行还是付款人开户银行？给予贴现后银行有风险吗？

票据结算业务
课后题

项目6

出纳账簿

学习目标

知识目标

1. 了解库存现金日记账和银行存款日记账的基础知识。

2. 了解备查账簿的基础知识。

技能目标

1. 能够填写账簿启用及交接表。

2. 熟练进行库存现金日记账和银行存款日记账的登记。

3. 能够进行支票备查簿和商业汇票备查簿的登记。

素质目标

1. 培养爱岗敬业、提高技能的会计职业道德。

2. 培养严肃认真的职业精神。

重点与难点

重点

库存现金日记账和银行存款日记账的登记。

难点

库存现金日记账和银行存款日记账首行和末行的填写。

项目引例

通过本项目的学习,同学们将学会如何根据项目一至项目五中海洋电器股份有限公司
5 月的相关业务,登记库存现金日记账、银行存款日记账,以及支票备查簿等。

6.1 日 记 账

思维导图

6.1.1 知识储备

出纳账簿在实际工作中主要包括库存现金日记账、银行存款日记账、有价证券明细账及备查账簿。此处重点介绍库存现金日记账和银行存款日记账。

1. 库存现金日记账

库存现金日记账是记录和反映出纳人员在办理本单位的经济业务时由于使用现金结算而发生的现金收付情况及其库存余额的序时账簿。它由出纳人员根据现金收款凭证和现金付款凭证按业务发生的先后顺序每天逐笔登记，并在每天下班前结出现金余额。对从银行账户中提取现金的业务，则应根据银行存款付款凭证登记库存现金日记账。库存现金日记账的格式一般为"借、贷、余"三栏式，即在同一张账页上设置"借方""贷方""余额"三栏，分别反映现金的收入、支出和结存情况。此外，在"摘要"栏后还应设"对方科目"一栏，以具体登记对方科目的名称，明确反映会计分录之间的对应关系。三栏式库存现金日记账的具体格式如图 6-1 所示。

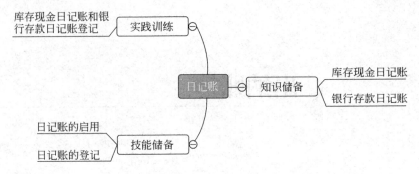

图 6-1　三栏式库存现金日记账

2. 银行存款日记账

银行存款日记账是记录和反映本单位在经济业务中由于使用银行存款结算而使银行存款发生增减变动及其结存情况的序时账簿。它由出纳人员根据银行存款付款凭证和银行存款收款凭证逐日逐笔登记，在每天下班前结出银行存款结存额。对将现金存入银行的业务，则应根据现金付款凭证登记银行存款日记账。银行存款日记账每月至少和银行对账单核对一次。

库存现金日记账和银行存款日记账必须采用订本式账簿，账页按顺序编号，不得随意抽换或增添，以保持账页页数和顺序记录的系统性、完整性，以防不法分子从中舞弊。启用订本式账簿，应当从第一页到最后一页连续登记，不得跳页、缺号。

银行存款日记账的格式与库存现金日记账基本相同，但还专设"结算方式"的"种类"和"号码"栏，以反映银行存款收付时所采用的具体结算方式。如果单位有外币存款，应按不同币种和开户银行分别设置日记账。三栏式银行存款日记账的具体格式如图 6-2 所示。

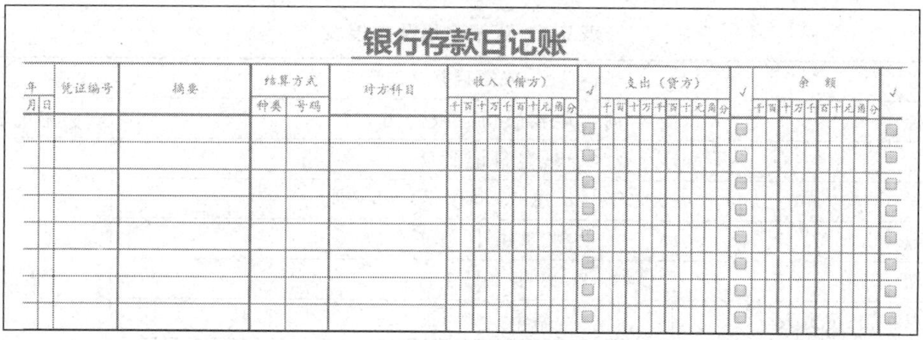

图 6-2 三栏式银行存款日记账

如果收付款凭证数量较多，财务管理上又需要掌握每笔收、支的对应科目和金额，库存现金日记账和银行存款日记账也可以采用多栏式，将收入栏和支出栏按照对应科目设置若干专栏，也即将收入栏按贷方科目设专栏，支出栏按借方科目设专栏。

如果现金和银行存款收、支的对应科目较多，势必造成多栏日记账的账页篇幅过大。因此，可将多栏式的库存现金日记账和银行存款日记账分设收入日记账和支出日记账。在这种情况下，应将支出日记账的当天支出总数，转记收入日记账中的当天支出合计内，以结算出当天的账面余额。

如果单位的现金和银行存款收、支业务较少且只有一个银行账号时，也可以将库存现金日记账与银行存款日记账合并成出纳日记账，分别设置借、贷、余三栏，其他栏目共用，以减少账本数量。

知识延伸

有价证券明细账

有价证券明细账主要用于核算股票、债券等有价证券的增减变动及结存情况。出纳人员将自己保管的各种有价证券按不同的单位分设明细账进行核算，如设"长期股权投资——股票投资"等科目。有价证券明细账可选择三栏式或多栏式账簿。

6.1.2　技能储备

1. 日记账的启用

　　日记账是按照经济业务的发生或完成时间的先后顺序逐日逐笔登记的账簿。设置日记账的目的是将经济业务按时间顺序清晰地反映在账簿记录中。下面以库存现金日记账为例讲解日记账的启用。

　　启用账簿时，应当在账簿封面上写明单位名称和账簿名称，并在账簿扉页上附启用表。为了保证出纳账簿记录的合法性和资料的完整性，以及明确记账责任，在启用账簿时应填写库存现金日记账扉页，并且要在账簿扉页上贴上印花税票。一些实施网上申报的企业，会在网上直接申报印花税，不直接在账簿上贴花。

　　出纳人员填写账簿启用及交接表时，主要填写的项目有单位名称、账簿名称、账簿编号、账簿页数、启用日期、经管人的签章，并盖上企业的公章，如表 6-1 所示。

表 6-1　账簿启用及交接表

账簿启用表										
单位名称	海洋电器股份有限公司									单位盖章
账簿名称	现金日记账									
账簿编号	2023 年　　总　　册　　第　5　册									
账簿页数	本账簿共计 50 页									
启用日期	2023 年 1 月 1 日									
经管人	负责人			制单			稽核			
	职别	姓名	盖章	职别	姓名	盖章	职别	姓名	盖章	
	会计主管	刘毅		会计	殷悦		会计	赵阳		
交接记录	职别	姓名	接管				移交			印花税票粘贴处
			年	月	日	盖章	年	月	日	
	记账会计	王玉					2023	4	30	
	出纳	孙胜	2023	4	30					

2. 日记账的登记

　　库存现金日记账与银行存款日记账的登记基本相同，下面以库存现金日记账的登记（见图 6-3）为例进行讲解。

日记账的登记

　　出纳人员应将每笔现金收、支业务及时登记到库存现金日记账中。登记时，根据复核无误的收、付款凭证，按账簿登记的要求，使用蓝、黑色钢笔或签字笔逐笔、序时、连续地进行登记，不得跳行、跳页。

　　一般而言，库存现金日记账上的"日期""摘要""收入（借方）""支出（贷方）""余额"为必填项。

现金日记账

2022年 月	日	凭证编号	摘要	对方科目	收入（借方） 百十万千百十元角分	√	支出（贷方） 百十万千百十元角分	√	余　额 百十万千百十元角分	√
12			期初余额			☐		☐	9 0 0 0 0 0	☐
	1		销售材料	其他业务收入	1 0 1 7 0 0	☐			1 0 0 1 7 0 0	☐
	1		李强预借差旅费	其他应收款			2 0 0 0 0 0		8 0 1 7 0 0	☐
	1		支付广告费	应付账款			1 0 0 0 0 0		7 0 1 7 0 0	☐
	1		本日合计		1 0 1 7 0 0		3 0 0 0 0 0		7 0 1 7 0 0	
	2		李雨桐交零售款	主营业务收入	3 3 9 0 0 0				1 0 4 0 7 0 0	
	2		过次页		4 4 0 7 0 0		3 0 0 0 0 0		1 0 4 0 7 0 0	

图 6-3　库存现金日记账的登记

（1）"日期"栏：填入业务发生的日期。

（2）"摘要"栏：摘要不能过于简略，应以能够清楚地表述业务内容为标准，便于事后查对。

（3）"收入（借方）"栏：借方金额登记库存现金增加的金额，如 12 月 1 日销售材料取得收入 1 017.00 元，则在借方栏增加 1 017.00 元的记录，表示现金增加 1 017.00 元。

（4）"支出（贷方）"栏：贷方金额登记库存现金减少的金额，如 12 月 1 日业务员预借差旅费 2 000.00 元，则在贷方栏增加 2 000.00 元的记录，表示现金减少 2 000.00 元。

（5）"余额"栏：余额表示库存现金的余额，应根据"本行余额＝上行余额＋本行借方－本行贷方"公式计算填入。

出纳工作应遵循"日事日毕"原则，即当天的业务当天记录，记录当日发生额，并结出余额，最后合计本日借方、贷方发生额。

小贴士

为了及时掌握现金收、付和结余情况，库存现金日记账必须当日账务当日记录，并于当日结出余额。实际工作中，很多企业都没有合计本日的发生额，具体请根据公司的规定登记。各企业对本日合计的划线方式有所不同，有的是在本日合计栏上下各画一条通栏的单线，具体根据公司情况而定。

知识延伸

账实核对（盘点现金）

账实核对是指将盘点的现金和库存现金日记账的余额进行核对，保证无误。若两者有差异，出纳人员需马上查找原因，查明是现金盘点的错误还是日记账登记错误，是因为出纳工作失误导致现金盘亏（现金比账上余额少）或盘盈（现金比账上余额多），还是其他原因，然后做处理。

登记库存现金日记账除了作为出纳人员所经手业务的记录载体外，还可以让出纳人员随时根据日记账本上的余额与实际库存的现金对比，及时核对当天的收、支业务是否正确。复核库存现金日记账是将当天登记的现金业务再核实一遍，并保证登记的每一项业务正确无误。盘点现金，从保险柜取出现金时需遮住密码，取出现金后马上将保险柜锁回，手工点钞、验钞时，正、反面点两遍，一方面确认金额，另一方面确认无假币。

每一页登记完后，必须按规定结转下页。结转时，应根据"承前页"的借方加上本页的借方发生数，得出"过次页"的借方金额，同理计算"过次页"的贷方金额，并算出余额，写在本页最后一行，并在"摘要"栏注明"过次页"。"承前页"的金额可以直接根据上页的"过次页"金额填写，并在"摘要"栏注明"承前页"字样，如图 6-3 和图 6-4 所示。

现金日记账

2022年 月 日	凭证编号	摘要	对方科目	收入（借方） 百 十万 千 百 十 元 角 分	√	支出（贷方） 百 十万 千 百 十 元 角 分	√	余 额 百 十万 千 百 十 元 角 分	√
		承前页		4 4 0 7 0 0	☐	3 0 0 0 0 0	☐	1 0 4 0 7 0 0	☐
					☐		☐		☐
					☐		☐		☐
					☐		☐		☐
					☐		☐		☐
					☐		☐		☐
					☐		☐		☐

图 6-4　库存现金日记账（承前页）

小贴士

实际工作中库存现金日记账格式比较多样，有些库存现金日记账并没有凭证"种类""号码"栏。请根据日记账的格式和企业相关规定登记。

知识延伸

移 交 单 据

出纳的付款凭证是付款的证明，对出纳人员而言，这些凭证就跟现金一样，一旦丢失，如果没办法补办，就很可能要自己承担相应金额的赔偿责任。为了减少因丢失凭证而发生的损失，降低赔偿风险，出纳人员应及时把相关的付款凭证交接给会计。

为了分清责任，出纳应在交接时编制一式两联的出纳单据交接表，简要记录交接单据的信息，如表 6-2 所示。

表 6-2　出纳单据交接表

出纳单据交接表								
月	日	出纳编号	现金/存款	摘要	个人/部门	经办人	收入金额	支出金额
5	12	现付006	现金	A 报销办公室	行政部	A		500.00
5	12	现付007	存款	B 交来的罚款	个人	B	100.00	
				本月合计			100.00	500.00
				会计：			出纳：×××	

出纳单据交接表可以根据公司的要求进行设置,必须涵盖当日收支的业务及金额。对每天收支比较多的单位,出纳每天均需编制出纳日报,即将当日的现金收支情况、银行存款收支情况进行详细说明,也有单位用出纳日报来代替交接表。但是出纳在将凭证交给会计时,必须双方确认签字后移交,以保证权责分明。交接完毕,出纳应妥善保管交接表。

实务中,并不是每一天都要办理单据移交手续,应根据公司规模大小、业务发生是否频繁而定。如果公司规模较小、业务发生不频繁,单据也可以几天移交一次,但是出纳一定要将单据保管好,以免丢失。

6.1.3 实践训练

库存现金日记账和银行存款日记账登记

请根据项目二、项目五中海洋电器股份有限公司 5 月的相关业务,登记库存现金日记账(见图 6-5)和银行存款日记账(中国工商银行李沧支行)(见图 6-6)。

提示:无须进行本日合计。

现金日记账

2023年		凭证		摘要	对方科目	借方金额	贷方金额	余额	√
月	日	字	号			百十万千百十元角分	百十万千百十元角分	百十万千百十元角分	
5	01			期初余额				9 0 0 0 0	
5	04	付	01	提取备用金	银行存款	2 0 0 0 0 0		2 9 0 0 0 0	
5	05	付	02	存入现金	银行存款		1 3 3 1 0 0	2 7 6 6 9 0 0	
5	06	收	01	电器零售款	主营业务收入	1 1 3 0 0 0 0		3 8 9 6 9 0 0	
5	07	付	03	销售员王超报销餐饮费	销售费用		1 6 9 9 5	3 8 7 9 9 0 5	
5	13	付	04	刘立辉预借差旅费	其他应收款		2 0 0 0 0 0	3 6 7 9 9 0 5	
5	20	收	02	归还水桶押金	其他应收款	5 0 0 0 0		3 7 2 9 9 0 5	

图 6-5 库存现金日记账

银行存款日记账

2023年		凭证编号	摘要	结算方式		对方科目	收入(借方)	√	支出(贷方)	√	余额	√
月	日			种类	号码		千百十万千百十元角分		千百十万千百十元角分		千百十万千百十元角分	
5	01		期初余额								9 0 0 0 0 0	
5	04	付01	提取备用金			库存现金			2 0 0 0 0 0		7 0 0 0 0 0	
5	05	付02	存入现金			库存现金	1 3 3 1 0 0				7 1 3 3 1 0 0	
5	25	付07	支付材料采购款			原材料			1 1 3 0 0 0 0		6 0 0 3 1 0 0	
5	25	付08	支付材料采购款			原材料			2 2 6 0 0 0 0		3 7 4 3 1 0 0	
5	26	收05	销售A产品			主营业务收入	3 3 9 0 0 0 0				7 1 3 3 1 0 0	
5	26	收06	销售B产品			主营业务收入	4 5 2 0 0 0 0				1 1 6 5 3 1 0 0	
5	27	付09	支付材料采购款			应付票据			2 2 6 0 0 0 0		9 3 9 3 1 0 0	
5	28	付10	支付材料采购款			应付票据			1 8 0 8 0 0 0		7 5 8 5 1 0 0	
5	28	收07	销售A产品			应收票据	6 7 8 0 0 0 0				1 4 3 6 5 1 0 0	
5	30	收08	销售C产品			应收票据	1 6 8 6 5 2 5 0				3 1 2 3 0 3 5 0	

图 6-6 银行存款日记账(中国工商银行李沧支行)

6.2 票据备查簿

思维导图

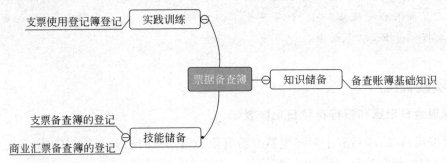

6.2.1 知识储备

备查账簿基础知识

备查账簿又称辅助账簿或备查簿，是对序时账簿和分类账簿未能记载或记载不全的与经济业务有关的情况进行补充登记的账簿，或者是为便于查考而对有些备忘事项进行登记的账簿，如租入固定资产备查簿、应收票据备查簿等。

备查账簿应根据统一会计制度的规定和企业管理的需要设置，并不是每个企业都要设置备查账簿，而应根据管理的需要来决定，但是对会计制度规定必须设置备查簿的科目，如"现金支票使用""转账支票使用""应收票据""应付票据"等，必须按照会计制度的规定设置备查账簿。

备查账簿的格式由企业自行决定，一般采用活页式。为使用方便，备查账簿一般采用活页式账簿。与明细账一样，为保证账簿的安全、完整，使用时应顺序编号并装订成册，注意妥善保管，以防账页丢失。

备查账簿与序时账簿和分类账簿相比，有两点不同：一是登记依据不同，备查账簿可能不需要记账凭证，甚至不需要一般意义上的原始凭证；二是账簿的格式和登记方法不同，备查账簿的主要栏目不记录金额，更注重用文字来表述某项经济业务的发生情况。

6.2.2 技能储备

1. 支票备查簿的登记

企业设置支票备查簿时，应该逐笔登记每一张支票的支票号数、出票日期、票面金额、领用人、用途，还有相应的备注事项，便于查阅支票的使用情况。

支票备查簿的登记

这里以出纳人员填写现金支票备查簿为例。

若出纳人员发现保险柜的现金余额不足，要向部门经理申请开具现金支票，并及时登记现金支票备查簿。

（1）日期：即领、用、存的日期。

（2）购入支票号码：登记购买时的支票起止号码。

（3）使用支票号码：登记领用时相应的支票号码。

（4）领用人：谁领用支票，则由谁签名。

（5）金额：根据支票的签发金额填写。

（6）用途：根据支票的用途填写。

（7）备注：说明其他需要备注的事项。

【例 6-1】　2023 年 5 月 1 日某公司购回现金支票，现金支票号码为：23097126-2309715；5 月 2 日，出纳李红领用了一张现金支票以提取备用金。现金支票备查簿登记情况如图 6-7 所示。

现金支票备查簿

编号	日期	购入支票号码	使用支票号码	领用人	金额	用途	备注
1	2023 年 5 月 1 日	23097126-2309715					
2	2023 年 5 月 2 日		23097126	李　红	4 500.00	备用金	
3							
4							
5							
6							
7							
8							
9							
10							

图 6-7　现金支票备查簿

小贴士

对于作废的支票，出纳人员要在支票存根联及正联骑缝处上盖"作废"章，并在支票备查簿上注明"作废"。

2. 商业汇票备查簿的登记

商业汇票包括商业承兑汇票和银行承兑汇票，商业承兑汇票备查簿和银行承兑汇票备查簿登记要求类似，这里以银行承兑汇票备查簿为例讲解。

银行承兑汇票作为重要单证，应视同现金入库保管，做到每日核对，严防丢失。同时，应建立银行承兑汇票备查簿，详细登记每一笔汇票的信息。避免汇票到期后，因超过委托收款提示付款期限，而不得不到签发行直接提示付款。

出纳人员填写银行承兑汇票备查簿的具体要求如下。

（1）日期：填写登记银行承兑汇票备查簿的日期。

（2）承兑协议编号：申请开立银行承兑汇票，应与银行签订承兑协议，本栏填写承兑协议的编号。

（3）申请人户名：申请人在银行开户的账户名称。

（4）申请人账号：在银行开立存款账户的，必须记载其账号。

（5）汇票号码：填写汇票的号码。

（6）收款人户名：收款人在银行开户的账户名称。

（7）收款人账号：在银行开立存款账户的，必须记载其账号。

（8）承兑机构：开票申请人的开户行。

（9）金额：填写承兑汇票的金额。

（10）汇票到期日：银行承兑汇票上记载承兑人向收款人无条件支付款项的日期。

（11）经办：经办人员签名盖章。

（12）销账日期：填写销账的日期，建立台账收入和支出登记制度，收入就要记账，支出就要销账，保持账面和库存材料物资的票据相符，也称销号。

（13）备注：登记与银行承兑汇票相关的资料。

【例 6-2】 2023 年 05 月 13 日，光明公司出纳根据签发的银行承兑汇票，如图 6-8 所示，登记银行承兑汇票备查簿，如图 6-9 所示。

银行承兑汇票（存　根）　　3

汇票号码89543625

出票日期(大写)贰零贰叁　年零伍　月壹拾叁日

出票人	全　称	青岛光明有限责任公司	收款人	全　称	上海兴旺股份有限公司
	账　号	9558845684564854965		账　号	9558894284625879641
	开户银行	中国工商银行青岛西横支行		开户银行	中国工商银行上海城隍庙支行
出票金额	人民币（大写）壹拾贰万伍仟元整			千百十万千百十元角分	¥12500000
汇票到期日（大写）	贰零贰叁年零柒月壹拾叁日		付款人开户行	行号	121062566632
承兑协议编号	714598			地址	青岛市红岛区田横岛路111号
		备注			

此联出票人存查

图 6-8　银行承兑汇票

6.2.3　实践训练

支票使用登记簿登记

请根据项目一至项目五中海洋电器股份有限公司 5 月的相关业务，登记现金支票使用登记簿（见图 6-10）和转账支票使用登记簿（见图 6-11）。

银行承兑汇票备查簿

编号	日期	承兑协议编号	申请人		汇票号码	收款人		承兑机构	金额	汇票到期日	经办	销账日期	备注
			户名	账号		户名	账号						
1	2023年5月13日	714598	青岛光明有限责任公司	95584568 4564854965	89543625	上海兴旺股份有限公司	95588428 4625879641	中国工商银行青岛西横支行	¥125 000.00	贰零贰叁年零柒月壹拾叁日	李亚		
2													
3													
4													
5													
6													
7													
8													
9													
10													

图 6-9 银行承兑汇票登记簿

现金支票使用登记簿

编号	日期	购入支票号码	使用支票号码	领用人	金额/元	用途	备注
1	2023.5.04		10613654	孙胜	￥20 000.00	备用金	
2							
3							
4							
5							
6							
7							
8							
9							
10							

图 6-10　现金支票使用登记簿

转账支票使用登记簿

编号	日期	购入支票号码	使用支票号码	领用人	金额/元	用途	备注
1	2023.5.25		00715660	郑天乐	￥11 300.00	购买原材料	
2	2023.5.25		00715661	郑天乐	￥22 600.00	购买原材料	
3							
4							
5							
6							
7							
8							
9							
10							

图 6-11　转账支票使用登记簿

出纳账簿
课后题

项目7

月末业务

 学习目标

知识目标

1. 了解库存现金清查和银行存款清查基础知识。

2. 了解结账基础知识。

3. 了解资金报表基础知识。

技能目标

1. 熟练编制库存现金盘点表。

2. 能够核对银行存款日记账和银行对账单。

3. 熟练编制银行存款余额调节表。

4. 能够进行日末、月末和年末结账。

5. 能够熟练编制资金报表。

素质目标

1. 培养爱岗敬业、参与管理、提高技能的会计职业道德。

2. 培养严谨细致、团结协作的职业精神。

重点与难点

重点

1. 库存现金清查和银行存款清查。

2. 资金报表的编制。

难点

1. 银行存款余额调节表的编制。

2. 资金报表的编制。

项目引例

2023 年 7 月 3 日，海洋公司出纳孙胜核对银行存款日记账与银行对账单，如有记录不符项，须通过编制银行存款余额调节表查明原因。

每月的经济业务结束后，出纳需要对库存现金日记账和银行存款日记账进行月结。根据管理要求，出纳还需要编制资金报表，供管理层决策参考。

通过本项目的学习，同学们将掌握库存现金和银行存款的清查业务，掌握各种结账方式，以及资金报表的编制。

7.1 月 末 清 查

 思维导图

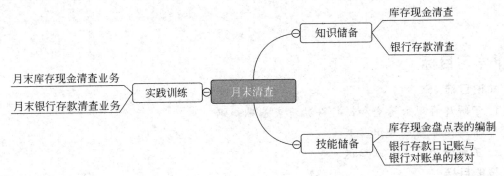

7.1.1 知识储备

清查是彻底检查、查清。实务中，出纳每天下班时都要进行自我清查，同时月末也要进行清查。

1. 库存现金清查

库存现金清查包括出纳人员每日的清查核对和清查小组定期和不定期的清查。清查现金的基本方法是实地盘点法，将现金实存数与现金日记账的余额进行核对。现金实存数是指金柜内实有的现金数额，借条、收据等单据不得抵充现金实存数。

💡**小贴士**

在坚持日清月结制度，由出纳人员自行对库存现金进行清查的基础上，为了加强对出纳工作的监督，及时发现可能发生的现金差错或丢失，防止贪污、盗窃、挪用公款等不法行为的发生，确保库存现金安全完整，各单位应建立库存现金清查制度，由有关领导和专业人员组成清查小组，定期或不定期地对库存现金情况进行清查盘点，清查重点为账款是否相符、有无白条抵库、有无私借公款、有无挪用公款、有无账外资金等违纪违法行为。

现金清查时，通过实地盘点法确定库存现金实存数，再与现金日记账的账面余额进行核对,以查明盈亏情况,盘点时,一般由出纳盘点,会计或财务经理监盘,发现盘盈或盘亏,应填制库存现金盘点表。盘盈也叫长款,是指现金实存数大于账存数;盘亏也叫短款,是指现金实存数小于账存数。盘点结束后,由盘点人员和监盘人员在库存现金盘点表上签名和盖章。

2. 银行存款清查

银行存款清查与现金和实物清查的方法不同,通常采用与开户银行核对账目的方法,一般在和银行核对账目之前,应检查本单位的银行存款日记账的正确性和完整性。然后,与银行对账单逐笔核对。

银行存款日记账应与银行对账单核对相符。出纳应根据银行出具的银行对账单,按照业务发生时间一笔一笔核对。银行对账单是银行和企业核对账务的联系单,是证实企业业务往来的记录,也可以作为企业资金流动的依据,如图 7-1 所示。

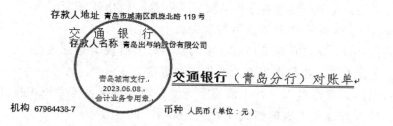

邮 编 100000									

存款人地址 青岛市城南区凯旋北路 119 号

交 通 银 行
存款人名称 青岛出与纳股份有限公司

交通银行(青岛分行)对账单

机构 67964438-7　　　　　**币种** 人民币(单位:元)　　　　　第 2 页

账号 11006063701835388231　　　　**单位名称** 青岛出与纳股份有限公司

2023 年 日期	摘要	凭证种类	凭证号码	发生额 借方	发生额 贷方	余额	记账部门	流水号
0510	承前页					547 045.80	398034	30980923
0511	支付上月材料	转支	♯1401	35 100.00		511 945.80	398034	30980927
0513	收回货款	委收	♯2201		3 726.10	515 671.90	398034	30981577
0516	收回货款	委收	♯2202		6 910.50	522 582.40	398034	30981634
0517	支付上月税金	转支	♯1402	7 708.30		514 874.10	398034	30983450
0518	收回货款	委收	♯2203		6 619.30	521 493.40	398034	30983464
0520	提取备用金	转支	♯1403	4 000.00		517 493.40	398034	30983639
0521	支付利息	转支	♯1404	1 200.00		516 293.40	398034	30984307
0523	收到个体户的	委收	♯2204		24 000.00	540 293.40	398034	30984333
0527	代交电费	特转	♯3201	3 210.20		537 083.20	398034	30984432
0529	收回货款	委收	♯2205		13 000.00	550 083.20	398034	30984551
0530	代交电话费	特转	♯3202	2 099.30		547 983.90	398034	30984620

图 7-1　银行对账单

7.1.2　技能储备

1. 库存现金盘点表的编制

库存现金盘点表兼有盘存单和实存账存对比表的作用,是反映现金实存数和调整账簿记录的重要原始凭证。

库存现金盘点
表的编制

库存现金盘点表的主要编制内容主要包括以下几点。

（1）盘点日期：盘点当天日期。

（2）币种：盘点的纸币币种。

（3）部门：一般为财务部门。

（4）会计期间：月末盘点当月的期间。

（5）张数、金额：盘点不同面额纸币的张数及各面额的总金额。

（6）合计：盘点实有现金数额合计。

（7）现金账面余额：库存现金日记账上面当月最后一笔业务的余额。

（8）收入凭证未记账：收到现金和凭证，但是盘点时还未登记库存现金日记账，或盘点后才收到凭证，还没来得及登记库存现金日记账。

（9）付出凭证未记账：付出现金和收到付出凭证，但是盘点时还未登记库存现金日记账，或盘点后才收到付出凭证，还没来得及登记库存现金日记账。

（10）盘点日账面应有金额：现金账面余额＋收入凭证未记账－付出凭证未记账。

（11）盘点日实有现金数额：保险柜实存清点后的现金。

（12）盘点日应有与实有差异：盘点日账面应有金额与盘点日实有现金数额之差。

（13）主管领导、监盘人、盘点人：各盘点当事人的签名和盖章。

填写库存现金盘点表后，出纳及监盘人员在上面签字。库存现金盘点表至少一式两份，出纳、监盘人员各留一份。库存现金盘点表的格式如表 7-1 所示。

表 7-1　库存现金盘点表

盘点日期：①			币种：②		
部门：③			会计期间：④		
面额	张数	金额/元		张数	金额/元
壹佰元	⑤	⑤	伍　角		
伍拾元			贰　角		
贰拾元			壹　角		
拾　元			伍　分		
伍　元			贰　分		
贰　元			壹　分		
壹　元			实点合计		⑥
现金账面余额		⑦			
加：收入凭证未记账		⑧			
减：付出凭证未记账		⑨			
盘点日账面应有金额		⑩			
盘点日实有现金数额		⑪			
盘点日应有与实有差异		⑫			
主管领导：⑬　　　　监盘人：⑬　　　　盘点人：⑬					

小贴士

　　出纳每天核对库存现金和库存现金日记账是否相符，是对自己一天工作的核实，以确保当日现金收付正确，不发生差错。而月末盘点一般会由财务经理或财务经理指定的会计监督，证明库存现金数目与账面一致。

　　库存现金盘点表的格式有很多种，具体请根据公司规定的库存现金盘点表填制。

2. 银行存款日记账与银行对账单的核对

1）核对步骤

银行存款日记账与
银行对账单的核对

　　出纳收到银行对账单后应及时与银行存款日记账进行核对，银行存款日记账与银行对账单核对的具体做法如下。

　　（1）出纳根据银行提供的对账单同银行存款日记账进行核对。

　　（2）核对时，需对凭证的种类、编号、摘要、记账方向、金额、记账日期等内容进行逐项核对。需要注意的是，银行对账单借方发生额核对的是银行存款日记账贷方发生额；银行对账贷方发生额核对的是银行存款日记账借方发生额（即相反方向）。

　　（3）凡是银行对账单与银行存款日记账记录内容相同的可用"√"在对账单和日记账上分别标示，以表明该笔业务核对一致。

2）核对不符的原因及处理

　　通过银行存款日记账和银行对账单的核对，如果发现双方账目不相符，主要原因有两种情况：记账错误和存在未达账项，如图7-2和图7-3所示。

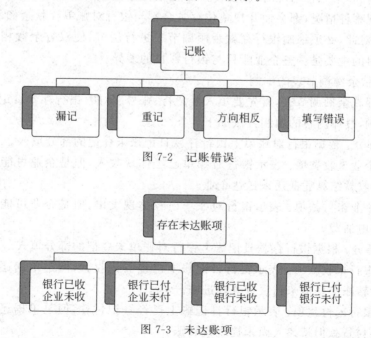

图7-2　记账错误

图7-3　未达账项

　　如果是记账错误，应作如下处理。

　　（1）漏记：应及时进行补充登记。

（2）重记：应在重复的其中一行画一道通栏红线，并加盖"此笔作废"章及个人签章。

（3）方向相反：应先用红字填写一行与原错误行内容相同的红字金额表示冲销，再用蓝、黑字填写一行正确方向的金额。

（4）填写错误：分为数字或文字错误，应先在错误的数字或文字正中画一道红线表示注销，然后在错误数字或文字上方写上正确的数字或文字，并在改正处加盖个人印章，以示负责。

如果是存在未达账项，则应编制银行存款余额调节表进行调节。

未达账项是指企业单位与银行之间，对同一项经济业务由于凭证传递上的时间差所形成的一方已登记入账，而另一方因未收到相关凭证，尚未登记入账的事项。企业和银行之间可能会发生以下四个方面的未达账项。

（1）银行已经收款入账，而企业尚未收到银行的收款通知因而未收款入账的款项，如委托银行收款等。

（2）银行已经付款入账，而企业尚未收到银行的付款通知因而未付款入账的款项，如借款利息的扣付、托收无承付等。

（3）企业已经收款入账，而银行尚未办理完转账手续因而未收款入账的款项，如收到外单位的转账支票等。

（4）企业已经付款入账，而银行尚未办理完转账手续因而未付款入账的款项，如企业已开出支票而持票人尚未向银行提现或转账等。

出现第一种和第四种情况时，会使开户单位银行存款账面余额小于银行对账单的存款余额；出现第二种和第三种情况时，会使开户单位银行存款账面余额大于银行对账单的存款余额。无论出现哪种情况，都会使开户单位存款余额与银行对账单存款余额不一致，很容易开出空头支票，对此，必须编制银行存款余额调节表进行调节，使双方余额相等。银行存款余额调节表的目的主要是调整企业账目与银行账目的差异。

3）银行存款余额调节表的编制

编制银行存款余额调节表，首先要填入开户行、账号、日期、银行存款日记账的余额及银行对账单的余额，具体内容的填制方法如下。

（1）左边部分：根据银行对账单上银行存款日记账未登记的部分填入。

银行已收企业未收款项：表示银行对账单已经体现收入，但是企业可能还没有收到单据，如委托银行收款结算凭证还未送达企业。

银行已付企业未付款项：表示银行对账单已经体现支出，但是企业可能还没有收到单据，如银行代扣电话费。

（2）右边部分：根据银行存款日记账上银行对账单未登记的部分填入。

企业已收银行未收款项：表示银行日记账上已经登记收款，但是单据还没有传递到银行，如收到客户转账支票但未到银行办理进账。

企业已付银行未付款项：表示银行日记账上已经登记付款，但是单据还没有传递到银行，如开出支票付货款但持票人尚未提现或转账。

银行存款余额调节表调节后的余额计算公式为

左边部分的余额为＝银行存款日记账的余额＋银行已收企业未收－银行已付企业未付款项

右边部分的余额为＝银行对账单的余额＋企业已收银行未收－企业已付银行未付款项

（3）银行存款余额调节表的内容如表 7-2 所示。

表 7-2 银行存款余额调节表

开户行：①	账号：②		③年 月 日止
项 目	金额/元	项 目	金额/元
企业银行存款日记账余额	④	银行对账单余额	⑧
加：银行已收企业未收款项		加：企业已收银行未收款项	
1. ⑤		1. ⑨	
2.		2.	
3.		3.	
减：银行已付企业未付款项		减：企业已付银行未付款项	
1. ⑥		1. ⑩	
2.		2.	
3.		3.	
4.		4.	
5.		5.	
调节后的存款余额	⑦	调节后的存款余额	⑪
财务主管：⑬			制表：⑫

① 填写企业的开户银行的名称。

② 填写企业在开户银行的银行账号。

③ 填写编制银行存款余额表的截止日期。

④ 填写银行存款日记账的余额。

⑤ 将银行已收企业未收款项的入账时间凭证号及余额逐项填写在此区域。

⑥ 将银行已付企业未付款项的入账时间凭证号及余额逐项填写在此区域。

⑦ 根据公式

  调节后的存款余额＝企业银行存款日记账余额＋银行已收企业未收款项－
    银行已付企业未付款项

进行计算并填写。

⑧ 填写银行对账单的余额。

⑨ 将企业已收银行未收款项的入账时间凭证号及余额逐项填写在此区域。

⑩ 将企业已付银行未付款项的入账时间凭证号及余额逐项填写在此区域。

⑪ 根据公式

  调后的余额＝银行对账单余额＋企业已收银行未收款项－企业已付银行未付款项

进行计算并填写。

⑫ 制表人制单后在此处签名。

⑬ 财务主管审核后在此处签名。

7.1.3 实践训练

1. 月末库存现金清查业务

1）业务描述

2023 年 06 月 30 日，海洋公司出纳孙胜实地盘点库存现金有 100 元 119 张、50 元 98 张、20 元 135 张、10 元 20 张、5 元 10 张、1 元 18 张、五角 7 张、1 角 4 张。盘点后，又办理了如图 7-4～图 7-6 所示单据的业务，现金日记账如图 7-7 所示。请帮助出纳孙胜编制库存现金盘点表并签章。

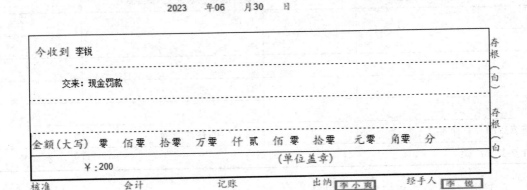

图 7-4 收到现金罚款的收款收据

图 7-5 现金费用报销单

2）实践操作

编制库存现金盘点表如表 7-3 所示。

图 7-6　购买办公用品的增值税专用发票

现金日记账

2023年		凭证编号	摘要	对方科目	收入（借方）	√	支出（贷方）	√	余 额	√
月	日				百十万千百十元角分		百十万千百十元角分		百十万千百十元角分	
			承前页		4 2 0 4 9 0 0	☐	3 9 5 4 2 8 0	☐	4 8 5 2 1 9 0	✓
06	06		报借差旅费	其他应收款		☐	3 0 0 0 0 0	☐	4 5 5 2 1 9 0	✓
	15		收到员工还款	其他应收款	1 0 0 0 0	☐		☐	4 5 6 2 1 9 0	✓
	21		支付工资	应付职工薪酬		☐	2 0 7 5 0 0 0	☐	2 4 8 7 1 9 0	✓
	27		报销差旅费	管理费用		☐	5 2 0 0 0 0	☐	1 9 6 7 1 9 0	✓
	30		收到赔偿款	其他应收款	4 0 0 0 0	☐		☐	2 0 0 7 1 9 0	✓
						☐		☐		☐

图 7-7　现金日记账

表 7-3　海洋公司库存现金盘点表

海洋公司库存现金盘点表

盘点日期：2023.06.30　　　　　　　　币种：人民币
部门：财务部　　　　　　　　会计期间：2023.06

面　额	张数	金额/元		张数	金额/元
壹佰元	119	11 900.00	伍　角	7	3.50
伍拾元	98	4 900.00	贰　角		
贰拾元	135	2 700.00	壹　角	4	0.40
拾　元	20	200.00	伍　分		
伍　元	10	50.00	贰　分		
贰　元			壹　分		
壹　元	18	18.00	实点合计		19771.90

续表

现金账面余额	20 071.90			
加：收入凭证未记账	200.00			
减：付出凭证未记账	500.00			
盘点日账面应有金额	19 771.90			
盘点日实有现金数额	19 771.90			
盘点日应有与实有差异	0			

主管领导：刘毅　　　　　监盘人：赵阳　　　　　盘点人：孙胜

2. 月末银行存款清查业务

1）业务描述

2023 年 7 月 3 日,海洋公司出纳孙胜核对银行存款日记账与银行对账单。请根据背景资料（见图 7-8、图 7-9）协助孙胜核查是否有记录不符项,并查明原因。若存在未达账项,请为出纳孙胜编制银行存款余额调节表（见表 7-4）。

邮　　编 100000..

存款人地址 青岛市李沧区九水路 002 号

中　国　银　行

存款人名称 青岛海洋电器股份有限公司

青岛李沧支行..
2023.06.30..
会计业务专用章

中国银行（青岛分行）对账单

机构 94364438-7　　　　　币种 人民币（单位:元）　　　　　第 2 页

账号 11006063701835388456　　　单位名称 青岛海洋电器股份有限公司

2023 年		凭证种类	凭证号码	发生额		余额	记账部门	流水号
日期	摘要			借方	贷方			
0610	承前页					547 045.80	398034	30980923
0611	支付上月材料	转支	＃1401	35 100.00		511 945.80	398034	30980927
0613	收回货款	委收	＃2201		3 726.10	515 671.90	398034	30981577
0616	收回货款	委收	＃2202		6 910.50	522 582.40	398034	30981634
0617	支付上月税金	转支	＃1402	7 708.30		514 874.10	398034	30983450
0618	收回货款	委收	＃2203		6 619.30	521 493.40	398034	30983464
0620	提取备用金	转支	＃1403	4 000.00		517 493.40	398034	30983639
0621	支付利息	转支	＃1404	1 200.00		516 293.40	398034	30984307
0623	收到个体户的	委收	＃2204		24 000.00	540 293.40	398034	30984333
0627	代交电费	特转	＃3201	3 210.20		537 083.20	398034	30984432
0629	收回货款	委收	＃2205		13 000.00	550 083.20	398034	30984551
0629	代交电话费	特转	＃3202	2 099.30		547 983.90	398034	30984620

图 7-8 中国银行青岛分行对账单

银行存款日记账

2023年 月 日	凭证编号	摘要	结算方式 种类	号码	对方科目	收入（借方）千百十万千百十元角分	✓	支出（贷方）千百十万千百十元角分	✓	余额 千百十万千百十元角分	✓
		承前页				8 1 6 2 7 5 8 0	☐	8 1 4 2 3 0 0 0	☑	5 4 7 0 4 5 8 0	☐
06 09	付01	支付上月材料款			应付账款		☐	3 5 0 0 0 0	☑	5 1 2 0 4 5 8 0	☐
06 12	收01	收回货款			应收账款	3 7 2 6 1 0	☑		☐	5 1 5 7 7 1 9 0	☐
06 14	收02	收回货款			应收账款	1 2 0 0 0 0 0	☑		☐	5 2 7 7 7 1 9 0	☐
06 15	付02	提取备用金			库存现金		☐	2 0 0 0 0 0 0	☑	5 0 7 7 7 1 9 0	☐
06 15	付03	支付上月税金			应交税费		☐	7 8 0 0 0 0	☑	4 9 9 9 7 1 9 0	☐
06 16	付03	收回货款			应收账款	6 7 0 0 0 0	☑		☐	5 0 6 6 7 1 9 0	☐
06 20	付04	支付利息			应付利息		☐	1 2 0 0 0 0	☑	5 0 5 4 7 1 9 0	☐
06 22	收04	收到个体户货款			主营业务收入	1 0 0 0 0 0 0	☑		☐	5 1 5 4 7 1 9 0	☐
06 26	付05	支付汽车修理费			管理费用		☐	6 0 0 0 0 0	☑	5 0 9 4 7 1 9 0	☐
06 29	收05	收回货款			应收账款	3 2 0 0 0 0	☑		☐	5 1 2 6 7 1 9 0	☐
06 29	付06	支付上月材料款			应付账款		☐	2 6 0 0 0 0	☑	5 1 0 0 7 1 9 0	☐
							☐		☐		☐
							☐		☐		☐
							☐		☐		☐

图 7-9　银行存款日记账（开户行中国银行李沧支行）

2）实践操作

通过核对银行存款日记账与银行对账单发现，银行对账单与银行存款日记账中有 6 笔业务核对不符。经核查，这 6 笔业务都是未达账项，据此编制银行存款余额调节表如表 7-4 所示。

表 7-4　银行存款余额调节表

开户行：中国银行李沧支行	账号：11006063701835388456		2023 年 6 月 30 日止	
项　目	金额/元	项　目	金额/元	
企业银行存款日记账余额	￥5 100 719.90	银行对账单余额	￥546 261.70	
加：银行已收企业未收款项		加：企业已收银行未收款项		
1.0629 收回货款（#2205）	￥34 000.00	1.0629 收到货款（收 05）	￥3 200.00	
2.		2.		
3.		3.		
减：银行已付企业未付款项		减：企业已付银行未付款项		
1.0626 代付电话费（#3201）	￥1 210.20	1.0626 支付汽车修理费（付 05）	￥6 000.00	
2.0629 代交电费（#3202）	￥2 000.00	2.0629 支付上月材料费（付 06）	￥2 600.00	
3.		3.		
4.		4.		
5.		5.		
调节后的存款余额	￥540 861.70	调节后的存款余额	￥540 861.70	
财务主管：			制表：	

（1）银行已收企业未收款项：0629 收回货款（♯2205），由于银行已经登记入账，企业尚未收到银行收款通知，所以企业未登记入账。

（2）银行已付企业未付款项：0626 代付电话费（♯3201）、0629 代交电费（♯3202），由于银行已经登记入账，企业尚未收到银行付款通知回单，所以企业未登记入账。

（3）企业已收银行未收款项：0629 收到货款（收 05），由于企业已经登记入账，银行尚未收到企业收款信息，所以银行未登记入账。

（4）企业已付银行未付款项：0626 支付汽车修理费（付 05）、0629 支付上月材料款（付 06），由于企业已经登记入账，银行尚未收到企业付款信息，所以银行未登记入账。

 小贴士

银行存款余额调节表只能起到核对账目的作用，不得用于调整银行存款账面余额，不属于原始凭证。银行存款余额调节表一般由会计人员编制，有些企业由出纳编制，因此出纳也应掌握银行存款余额调节表的编制方法。

7.2 结 账

思维导图

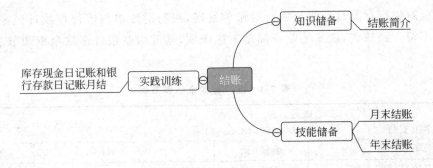

7.2.1 知识储备

结账简介

结账就是把一定时期（月、季、年）内所发生的经济业务全部登记入账后，计算并记录各种账簿的本期发生额和期末余额，进行试算平衡，并结转下期或下年度账簿的一种账务处理方法。

出纳人员将本期所发生的所有资金收付业务全部登记入账并经对账确认无误后，计算出本期内现金和银行存款的收入总额、支出总额和期末余额，以了解本单位在本会计期间内货币资金的全部收付情况和期末结存情况，为编制会计报表提供依据。结账前，出纳人员应首先查明本会计期间内（当天、当月、当季、当年）所发生的所有款项收付业务是否都已取得原始凭证，是否都已编制收付款凭证并已登记入账，是否账证、账账、账实相符，对于在对账过程中发现的各种问题，应及时处理解决后才能结账。结账的时间主要有日结、月结、年结等。

小贴士

不管是库存现金日记账，还是银行存款日记账，日结、月结、年结的结账方法都是一样的。

7.2.2 技能储备

1. 月末结账

月末结账是以一个月为结账周期，每月月末对本月内的库存现金、银行经济业务情况进行总结。这里以库存现金日记账为例讲解月末结账。

月末结账

出纳人员月末结账时，应在该月最后一笔经济业务下一行"摘要"栏内注明"本月合计"字样，并结算出"借方""贷方""余额"栏的本月合计和月末余额，在下面画一条通栏单红线。对需逐月结算本年累计发生额的账户，应逐月计算从年初至本月止的累计发生额，并登记在月结的下一行，在"摘要"栏内注明"本年累计"字样，并在这一行下面画一条通栏单红线，以便与下月发生额划清。

如果企业本月只发生一笔经济业务，由于此笔记录的金额就是本月发生额，结账时只要在这项记录下画一条通栏单红线，表示与下月的发生额分开就可以了，可以不结出"本月合计"数。

【例 7-1】 2023 年 5 月月末，青岛启华有限责任公司出纳登记库存现金日记账，如图 7-10 所示。

现金日记账

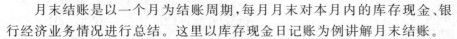

2023年 月/日	凭证编号	摘要	对方科目	收入（借方）	√	支出（贷方）	√	余额
05/01		承前页		109536 00		105398 00		6000 00
05/01	现付001	支付办公用品				700 00		5300 00
05/11	现付002	暂借差旅费				1000 00		4300 00
05/21	银付001	提现备用		3000 00				7300 00
05/31	现收001	收回暂借差旅费余款		400 00				7700 00
05/31		本月合计		3400 00		1700 00		7700 00
05/31		本年累计		112936 00		107098 00		7700 00

图 7-10 库存现金日记账（月结）

小贴士

部分企业月末结账时，直接在该日、该月最后一笔经济业务下面画一条通栏单红线，这种做法也是可以的，出纳应当有所了解。部分企业月末结账时，只结出"本月合计"，未结出"本年累计"，这种做法也可以，可根据企业具体情况而定。

2. 年末结账

年末结账是以一年为周期，对本年度内各经济业务情况及其结果进行总结。出纳人员年末结账时，应将全年的发生额累计，登记在 12 月合计数

年末结账

的下一行,在"摘要"栏内注明"本年累计"字样,并在这一行下面画一条通栏双红线,以示封账。

【例 7-2】 2022 年 12 月月末,青岛海天有限责任公司出纳登记银行存款日记账,如图 7-11 所示。

银行存款日记账

2022年		凭证编号	摘要	结算方式		对方科目	收入（借方）	✓	支出（贷方）	✓	余 额
月	日			种类	号码		千百十万千百十元角分		千百十万千百十元角分		千百十万千百十元角分
12	01		承前页				3 0 5 3 4 2 9 0 0		2 8 4 8 9 2 1 0 0		2 1 0 0 0 0 0 0
12	01	银付001	购买电脑						4 0 0 0 0 0	✓	2 0 6 0 0 0 0 0
12	11	银付002	提取现金备用						2 0 0 0 0 0	✓	2 0 4 0 0 0 0 0
12	11	银收001	收回前欠的货款				2 0 0 0 0 0 0	✓			2 2 4 0 0 0 0 0
12	21	银收002	销售商品				1 1 7 0 0 0 0	✓			2 3 5 7 0 0 0 0
12	31	银付003	偿还货款						4 0 0 0 0 0 0	✓	1 9 5 7 0 0 0 0
12	31		本月合计				3 1 7 0 0 0 0		4 6 0 0 0 0 0		1 9 5 7 0 0 0 0
12	31		本年累计				3 0 8 5 1 2 9 0 0		2 8 9 4 9 2 1 0 0		1 9 5 7 0 0 0 0
12	31		结转下年								1 9 5 7 0 0 0 0

图 7-11 银行存款日记账（年结、结转下年）

年度终了结账时,应将余额结转至下一会计年度。实务中,结转时会遇到以下两种情况。

(1) 年末若无余额,则无须把余额"0"再次填写到下一会计年度。

(2) 年末若有余额,把余额结转到下一会计年度,在"摘要"栏注明"结转下年"字样,在下一会计年度新建有关会计账簿的第一行"余额"栏内填写上年结转的余额,并在"摘要"栏注明"上年结转"字样。

【例 7-3】 承接前例,2022 年 12 月月末,青岛海天有限责任公司出纳结转银行存款日记账如图 7-11 和图 7-12 所示。

银行存款日记账

2023年		凭证编号	摘要	结算方式		对方科目	收入（借方）	✓	支出（贷方）	✓	余 额
月	日			种类	号码		千百十万千百十元角分		千百十万千百十元角分		千百十万千百十元角分
01	01		上年结转								1 9 5 7 0 0 0 0

图 7-12 银行存款日记账（上年结转）

7.2.3 实践训练

库存现金日记账和银行存款日记账月结

承接项目六 6.1.3 实践训练,假设没有发生其他经济业务,请对海洋电器股份有限公司 5 月的库存现金日记账（见图 7-13）和银行存款日记账（中国工商银行李沧支行）（见图 7-14）进行月结。

提示:只结出"本月合计",无须结出"本年累计"。

现金日记账

2023年 月 日	凭证 字 号	摘要	对方科目	借方金额 百十万千百十元角分	贷方金额 百十万千百十元角分	余额 百十万千百十元角分	✓
5 01		期初余额				9 0 0 0 0 0 0	
5 04	付01	提取备用金	银行存款	2 0 0 0 0 0 0		2 9 0 0 0 0 0	
5 05	付02	存入现金	银行存款		1 3 3 1 0 0	2 7 6 6 9 0 0	
5 06	收01	电器零售款	主营业务收入	1 1 3 0 0 0 0		3 8 9 6 9 0 0	
5 07	付03	销售员王超招销餐饮费	销售费用		1 6 9 9 5	3 8 7 9 9 0 5	
5 13	付04	刘立辉预借差旅费	其他应收款		2 0 0 0 0 0	3 6 7 9 9 0 5	
5 20	收02	归还水桶押金	其他应收款	5 0 0 0 0		3 7 2 9 9 0 5	
5 31		本月合计		3 1 8 0 0 0 0	3 5 0 0 9 5	3 7 2 9 9 0 5	

图 7-13 海洋公司 5 月库存现金日记账

银行存款日记账

2023年 月 日	凭证编号	摘要	结算方式 种类 号码	对方科目	收入（借方） 千百十万千百十元角分	✓	支出（贷方） 千百十万千百十元角分	✓	余额 千百十万千百十元角分	✓
5 01		期初余额							9 0 0 0 0 0 0	
5 04	付01	提取备用金		库存现金			2 0 0 0 0 0 0		7 0 0 0 0 0 0	
5 05	付02	存入现金		库存现金	1 3 3 1 0 0				7 1 3 3 1 0 0	
5 25	付07	支付材料采购款		原材料			1 1 3 0 0 0 0		6 0 0 3 1 0 0	
5 26	付08	支付材料采购款		原材料			2 2 6 0 0 0 0		3 7 4 3 1 0 0	
5 26	收05	销售A产品		主营业务收入	3 3 9 0 0 0 0				7 1 3 3 1 0 0	
5 26	收06	销售B产品		主营业务收入	4 5 2 0 0 0 0				1 1 6 5 3 1 0 0	
5 27	付09	支付材料采购款		应付票据			2 2 6 0 0 0 0		9 3 9 3 1 0 0	
5 28	付10	支付材料采购款		应付票据			1 8 0 8 0 0 0		7 5 8 5 1 0 0	
5 28	收07	销售A产品		应收票据	6 7 8 0 0 0 0				1 4 3 6 5 1 0 0	
5 30	收08	销售C产品		应收票据	1 6 8 6 5 2 5 0				3 1 2 3 0 3 5 0	
5 31		本月合计			3 1 6 8 8 3 5 0		9 4 5 8 0 0 0		3 1 2 3 0 3 5 0	

图 7-14 海洋公司 5 月银行存款日记账（中国工商银行李沧支行）

7.3 编制资金报表

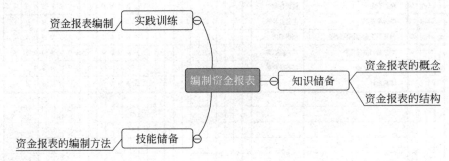

7.3.1 知识储备

1. 资金报表的概念

资金报表是由出纳人员编制的，用来反映一段时间内企业货币资金的收支、结余等情况的报表。企业可结合本单位的实际情况，确定本单位资金报表的报告期，如日报、周报、月报等。

2. 资金报表的结构

资金报表应当包括表头、横列的资金来源、纵列的收支项目，以及审批栏，其中资金来源主要包括库存现金和银行存款项目，收支项目包括：上期结余数、本期收入项目、本期支出项目、本期资金结余数，如表 7-5 所示。

表 7-5 资金报表

编制单位：	起始日：自 至	单位：元	编号：	
项目	资金使用合计	银行存款	库存现金	备注
期初余额				
收入项目				
销售收入				
个人偿还借款				
银行贷款				
其他收入				
本期收入合计				
支出项目				
支出原料货款				
支付工资				
支付其他日常费用				
偿还贷款				

续表

项目	资金使用合计	银行存款	库存现金	备注
其他支出				
工程款				
设备款				
预付款				
现金形式转换				
本期支出合计				
期末余额				

会计主管：　　　　复核：　　　　出纳：　　　　制单：

7.3.2　技能储备

资金报表的编制方法

资金报表的
编制方法

资金报表分别记录资金项目的收入和支出、结余情况,期末余额的计算公式为

期末余额＝期初余额＋本期收入合计－本期支出合计

其中,本期收入合计等于库存现金、银行存款项目的增加,本期支出合计等于库存现金、银行存款的减少。

【例7-4】　秦盛公司2023年5月10日编制的资金日报表如表7-6所示,库存现金部分体现在库存现金日记账,银行存款部分体现在银行存款日记账,如图7-15、图7-16所示。

现金日记账

2023年		凭证编号	摘要	对方科目	收入（借方）	√	支出（贷方）	√	余　额
月	日				百十万千百十元角分		百十万千百十元角分		百十万千百十元角分
			承前页		1 1 8 7 3 0 0	☐	1 1 3 2 0 0 0	☐	1 0 4 5 0 0 0
05	09		李倩报销市内交通费			☐	1 3 3 0 0	✔	① 1 0 3 1 7 0 0
05	10		林琪交来零售款		2 0 0 0 0 0	✔		☐	1 2 3 1 7 0 0
05	10		收到王志豪还款		② 1 0 0 0 0 0	✔		☐	1 3 3 1 7 0 0
05	10		王帅丽预借差旅费			☐	8 0 0 0 0 0	✔	1 2 5 1 7 0 0
						☐			
						☐			

图7-15　库存现金日记账

1）上期结余数

库存现金的上期结余,体现在库存现金日记账中①的部分。

银行存款的上期结余,体现在银行存款日记账中①的部分。

2）根据日记账借方,填列收入项目

库存现金日记账中②"林琪交来零售款"和"收到王志豪还款"记录到库存现金的"销售收入款"和"个人偿还借款"。

银行存款日记账中②"收到货款"记录到"销售收入款"。

银行存款日记账

2023 年		凭证编号	摘要	结算方式		对方科目	收入（借方）	√	支出（贷方）	√	余额
月	日			种类	号码						
			承前页				587 920 00	□	587 631 00	□	805 000 00
05	02		支付上月利息					□	800 00	✓	797 000 00
05	03		购入材料					□	158 500 00	✓	638 500 00
05	04		收回应收款项				140 000 00	✓		□	778 500 00
05	05		支付货款					□	120 000 00	✓	658 500 00
05	06		收到汇票余款				2 000 00	✓		□	① 660 500 00
05	10		收到货款				82 000 00	✓		□	742 500 00
05	10		购入材料			②		□	50 000 00	✓	692 500 00
								□		□	

图 7-16 银行存款日记账

3）根据日记账贷方，填列支出项目

库存现金日记账中②"王帅丽预借差旅费"记录到"其他支出"。

银行存款日记账中②"购入材料"记录到"支付原料货款"。

表 7-6 资金日报表

编制单位：秦盛公司 起始日：自 2023.05.10 至 2023.05.10 单位：元 编号：

项　　目	资金使用合计	银行存款	库存现金	备注
期初余额	670 817.00	660 500.00	10 317.00	
收入项目				
销售收入款	84 000.00	82 000.00	2 000.00	
个人偿还借款	1 000.00		1 000.00	
银行贷款				
其他收入				
本期收入合计	85 000.00	82 000.00	3 000.00	
支出项目				
支付原料货款	50 000.00	50 000.00		
支付工资				
支付其他日常费用				
偿还贷款				
其他支出	800.00		800.00	
工程款				
设备款				
预付款				
现金形式转换				
本期支出合计	50 800.00	50 000.00	800.00	
期末余额	705 017.00	692 500.00	12 517.00	
会计主管：　　　复核：　　　出纳：　　　制单：				

其中,资金使用合计是库存现金和银行存款金额的合计数。

资金报表编制完成后,需要将库存现金收入合计数与同一时段的库存现金日记账借方合计数比对,将库存现金支出合计数与同一时段的库存现金日记账贷方合计数比对,将期末余额与同一时段库存现金日记账的余额比对,还需将现金余额与实际现金比对。同样,银行存款合计数与银行存款日记账比对,其操作方式与库存现金一样。不管有多少个银行账户,都要罗列在资金报表中。所有的银行账户里的资金都是企业的使用资金。

7.3.3 实践训练

资金报表编制

请根据项目二至项目五中发生的经济业务,编制海洋电器股份有限公司5月的资金报表如表7-7所示。为简化资金报表的编制,不考虑其他货币资金。

表 7-7 海洋公司5月资金报表

编制单位:海洋公司　　起始日:自 2023.05.01 至 2023.05.31　　单位:元　　编号:

项　　目	资金使用合计	银行存款	库存现金	备注
期初余额	2 583 574.34	2 574 574.34	9 000.00	
收入项目				
销售收入款	326 852.50	315 552.50	11 300.00	
个人偿还借款				
银行贷款				
其他收入	21 831.00	1 331.00	20500.00	
本期收入合计	348 683.50	316883.50	31 800.00	
支出项目				
支出原料货款		74 580.00		
支付工资				
支付其他日常费用			169.95	
偿还贷款				
其他支出			2 000.00	
工程款				
设备款				
预付款		300 000.00		
现金形式转换		20 000.00	1 331.00	
本期支出合计	398 080.95	394 580.00	3 500.95	
期末余额	2 534 176.89	2 496 877.84	37 299.05	

会计主管:刘毅　　复核:赵阳　　出纳:孙胜　　制单:殷悦

月末业务
课后题

参 考 文 献

[1] 厦门网中网软件有限公司,中华会计网校. 精编出纳岗位实务[M]. 北京：高等教育出版社,2021.

[2] 高翠莲. 出纳业务操作[M]. 4版. 北京：高等教育出版社,2020.

[3] 陈贺鸿. 出纳岗位实务[M]. 北京：电子工业出版社,2016.